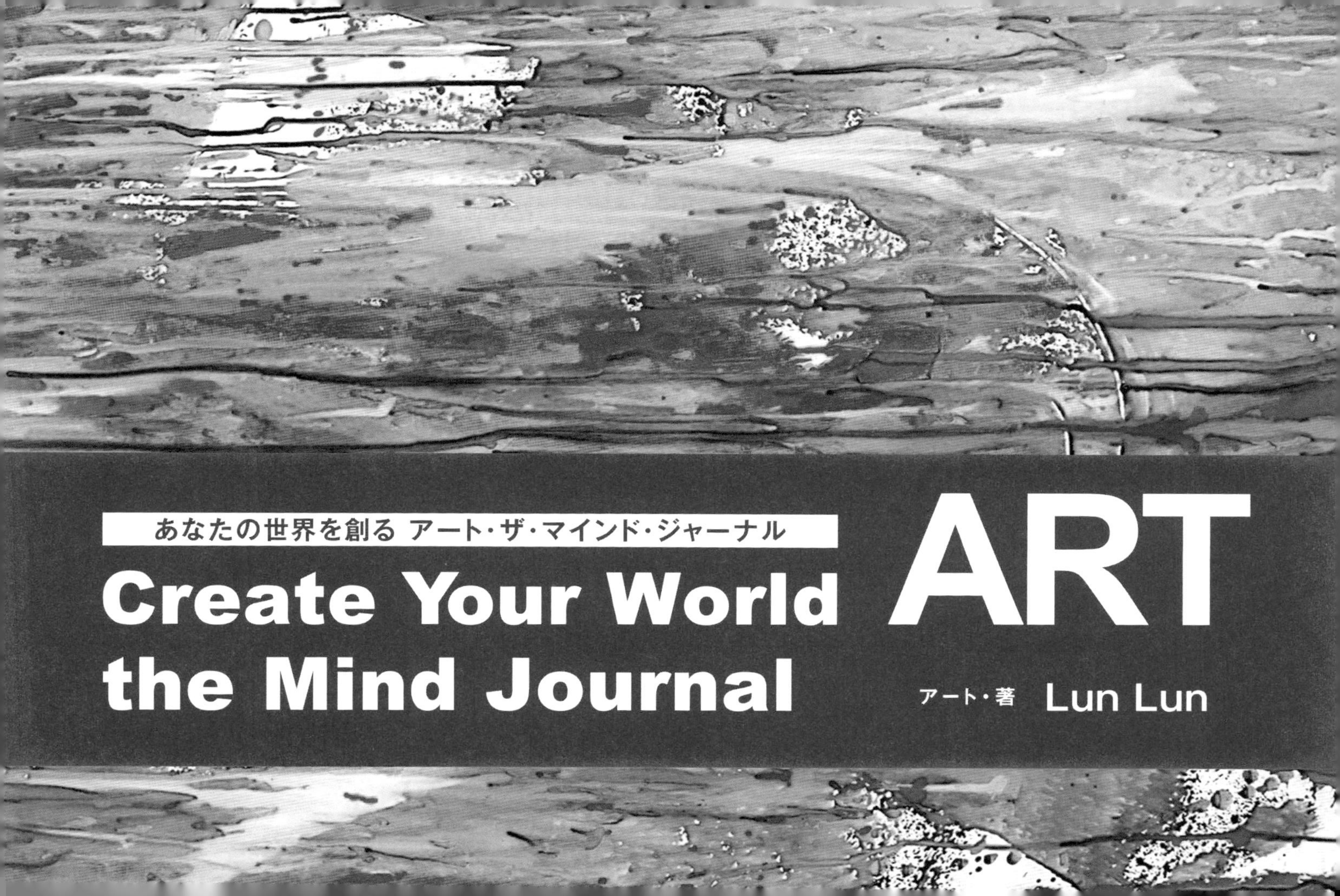

あなたの世界を創る アート・ザ・マインド・ジャーナル

ART Create Your World the Mind Journal

アート・著 Lun Lun

はじめに Introduction

こんにちは！

あなたがこの本を
手に取ってくれたことを、
とても嬉しく思っています。

この本は、

Lun Lun Art が導く、
自分自身を受け入れ、
体・心・魂を
セルフケアするための

“アート”ワークブックです。

頭に思い浮かんだことを
ありのままに
“書く・描く”ことで自分を知り、
ストレスを軽減し、
メンタルヘルスを高める方法を
「ジャーナリング」といいます。

このワークブックでは、
ジャーナリングの手法を
取り入れました。

とはいえ、方法は、

なんでもいい！

1日10分、
書くことであれ、描くことであれ、
リストを書き出すこと、
写真を見つけて貼ること、
ビリビリに破ること……。

この本にかき出せば、
自分のことをより深く知り、
アイデアを練ったり、
夢を形にするための
素晴らしい場所になります。

使い方はあなた次第！

仕事、家族、家庭などから
少し離れて、
ゆっくり過ごせる
お気に入りの静かな場所で、
カフェで、通勤中に、
この本を使って
ぜひアートジャーナルを
書いてみてください。

Lun Lun Art は、
ピュアな気持ちから
あなたに語りかけています。

子どもの頃、
こうなれたらいいなぁと
思っていたこと
夢中で遊んだり
お絵描きをした日のこと

大人になって、子どものときの
無邪気な気持ちを
忘れていませんか？
このアートジャーナルで、
質問に答えたり、絵を描きながら
ピュアな気持ちを
思い出していただければ
嬉しいです。

「何から始めたらいいのだろう」と
悩んだり、
「失敗してしまうのではないか」と
不安になる必要はありません。

気に入ったところや、
時にはパラパラとめくって、
目にとまったところから
はじめてみてくださいね！

現代の生活は必要以上に忙しく、
ストレスも多く、
ときには、自分を見失い、
どこに向かっていいか
未来が見えなくなったりする時が
あります。
この本に書き込むことは、
体と心と魂の
セルフケアにつながる
素晴らしい方法です。

自分にとって
本当に大切なことは何か

ゆっくりと考えることで、
自分自身をより深く知り、
新たな可能性に気づき、
成長できるでしょう。

人生はアドベンチャー！
あなたしか描けない未来へ

さぁ、
アートジャーナルをはじめましょう！

Lun Lun

もくじ contents

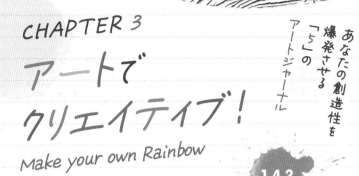

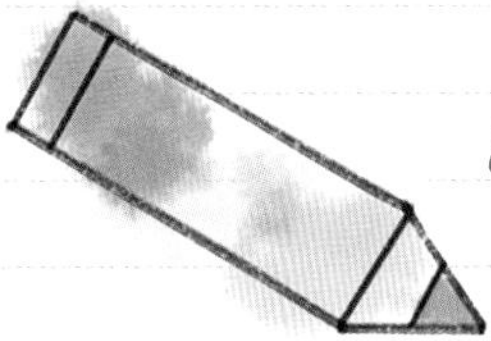

アートジャーナルを楽しむために、
色鉛筆・クレヨン・色ペン
などをご用意してくださいね！

Lun Lun Artとは？

著者のアーティストLun Lunが、世界5周・60カ国を巡りながら、「Free your Sour Follow your Heart ~魂を解き放て、心赴くままに~」をコンセプトに、高次元の存在や旅先の国・土地の神々との共同創造で描いたアート。絵筆だけでなく、指や足まで使って描く。旅先の砂、樹木、葉などを画材として用いることもしばしば。野趣あふれる彩り、エネルギッシュでダイナミックな構図が特徴。

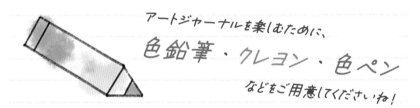

〜はじめる前に〜

【ジャーナリング】

アートジャーナルをはじめる前に、
みなさんにいくつかのポイントをお伝えしたいと思います。

これをおさえておくことで、
より自分と向き合って、自分を深く知ることができますよ！

その方法とは、

「ジャーナリング」。

浮かんだことをありのままに書き出すことから、
「書く瞑想」ともいわれています。

書き出すことで、集中力を高めることができ、
さらには自分自身や物事を客観視することもできるようになります。

それにより、気づきが得られるというもの。

また、ネガティブな感情の増幅を抑えて、
ポジティブな感情や思考をつくりだすこともできます。

そのようなことから、ジャーナリングは、
メンタルヘルスやマインドフルネスの手法として
活用されています。

とは? what's "Journaling"?

マインドフルネスとの共通点

ビジネスの世界で広まり、世界中の多くの人が実践している
「マインドフルネス瞑想」。
ジャーナリングと、こんな共通点があります。

ジャーナリング	マインドフルネス瞑想
頭に浮かんだことを書き出す	「いまこの瞬間」に集中する

自分の内側に意識を向けることで、
心の奥底にある「本来の願望」「価値観」を知る

この本でアートジャーナルを書き込む際に、
ジャーナリングの手法を意識すると、
自分の中にあるモヤモヤが解消できて、
「いますぐ行動したい!」
「夢を叶えたい!」
というような前向きな気持ちになることができます。

次のページで、
ジャーナリングのポイントをお伝えしますので、
ぜひ参考にしてみてくださいね。

こんな方に
ジャーナリングがオススメ！

ラクガキのように
楽しみながら
ワークをしたい

自分のことを
もっと知りたい

不安や焦りを
手放したい

子どもの頃を
思い出したい

無邪気で
ピュア120%で
生きたい

自己嫌悪や
無価値感から
解放されたい

悪循環な
生活・思考から
抜け出したい

人生を
もう一度
見直したい

人生を
思う存分
クリエイトしたい

ジャーナリングのポイント!

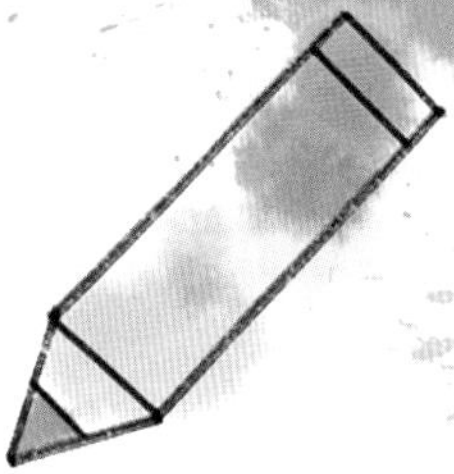

- ひとつのテーマについて
  決めた時間ずっと書き続けよう
- 頭で考えずに手を動かそう
- 気をそらせるものから離れて!
  プライベート空間を確保しよう
- 事実や気持ちをあるがままに書き出そう
- 誤字脱字は気にしないで!
- 「この瞬間に起きていること」に向き合おう

（参考元　https://www.awarefy.com/coglabo/post/journaling）

君はあの星で
めいっぱい楽しんで
めいっぱい喜んで
めいっぱい遊ぼうと
決めて来たんだよ

ルンルン
ルンルン
ルンルン

CHAPTER 1

無邪気な子どもの ピュアな心で、新しい冒険の旅へ

Back to your Story

懐かしいものから
子どもの心を思い出す
アートジャーナル

子どもの頃の、
あなたの
あだ名は？

what was your nickname as a child?

子どもの頃、大好きだった遊びはなに？

What was your favorite game as a child?

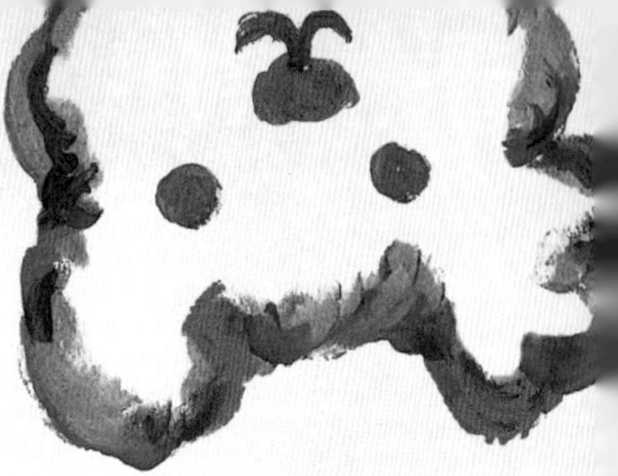

子どもの頃、大好きだったおもちゃのリストを書いてみよう

write a list of your favorite childhood toys.

大人になると子どものおもちゃで遊ぶことはあまりないけれど、
大人になった私が、
幼い頃の自分に戻るためにできることを挙げてみて！

子どもの頃、大好きだった食べ物はなに？

What was your favorite food as a child?

絵で描いてみよう

描いた食べ物を、
自分へのご褒美として食べてみて!

子どもの頃、嫌いだった食べ物はなに？

What was your least favorite food as a child?

絵で描いてみよう

その食べ物を、違う色で描いてみて！

子どもの頃、大好きだった友達や家族はだれ？

Who was your favorite friend or family member
when you were a child?

あなたを元気づけてくれた、
味方してくれた。
その人たちこそ大切な仲間！
そんな仲間に感謝しましょう

子どもの頃にした、
とっておきの冒険を
教えて！

what was your favorite
childhood adventure?

WHAT?

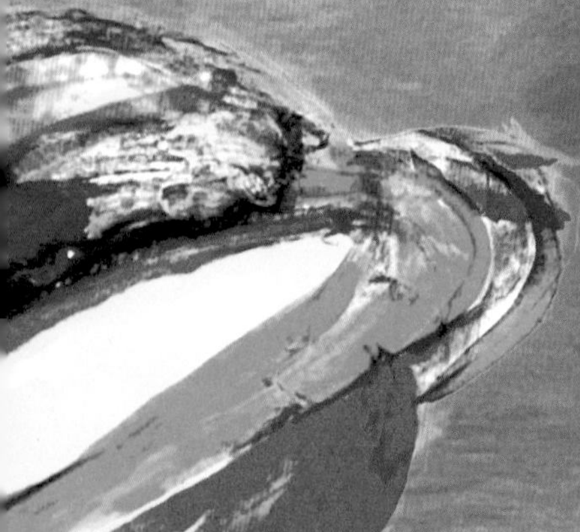

WHEN?

WHERE?
WITH WHO?

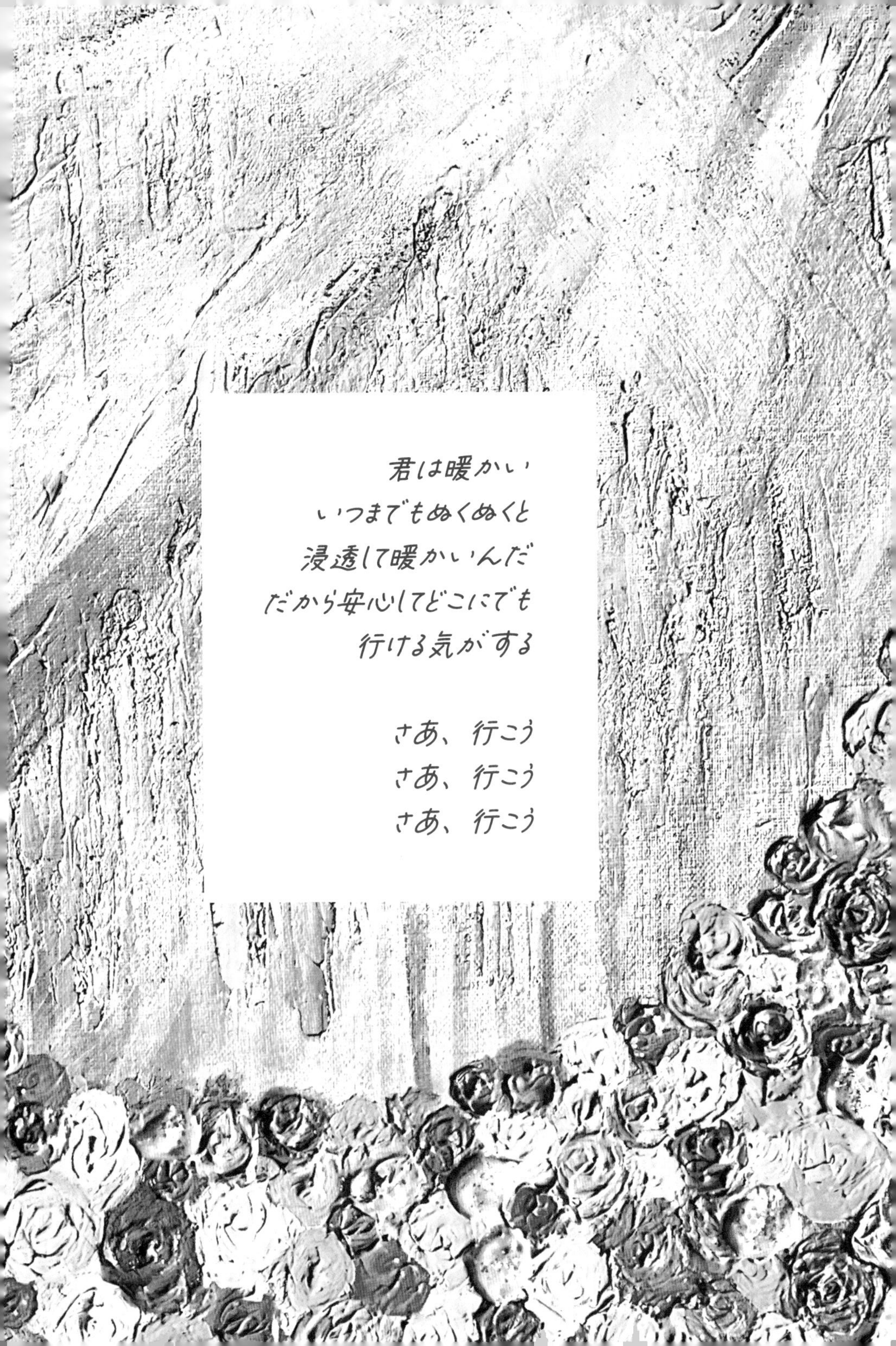

君は暖かい
いつまでもぬくぬくと
浸透して暖かいんだ
だから安心してどこにでも
行ける気がする

さあ、行こう
さあ、行こう
さあ、行こう

子どもの頃の、忘れられない思い出はなに?

What is your most memorable childhood memory?

子どもの頃、お気に入りだった服を描いてみよう

Draw a picture of
your favorite childhood outfit.

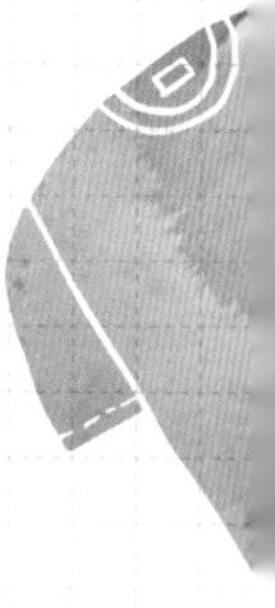

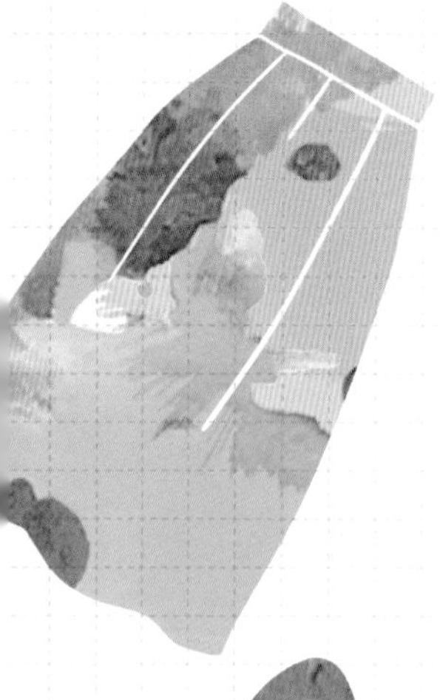

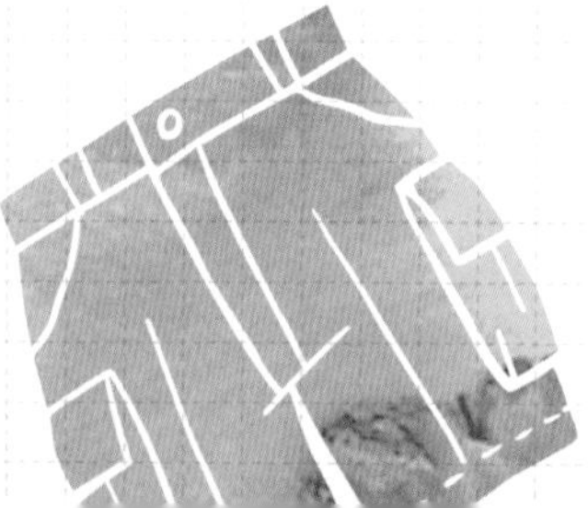

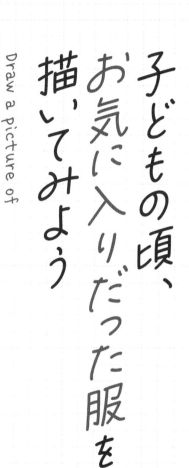

絵で描いてみよう

色も塗ってみよう！

柄も描いてみよう！

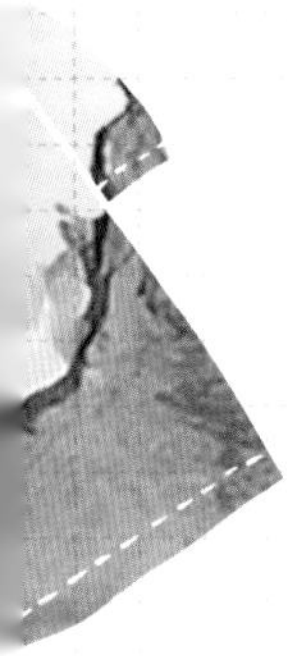

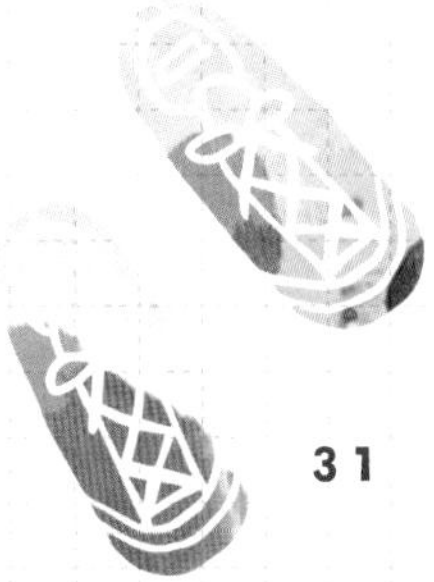

習い事じゃなくてもＯＫ！
得意だったことを
書いてみて！

子どもの頃の、習い事はなに？
その中でも、得意だったことは？

What did you learn as a child?
What were you good at?

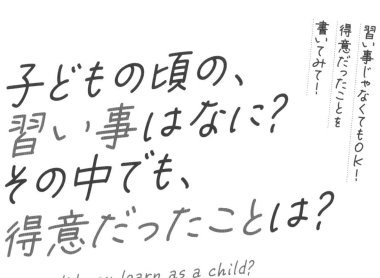

子どもの頃、楽しかった過ごし方はなに?

What was your favorite pastime as a child?

子どもの頃、嬉しいと思ったこと

List 5 things that made you happy
when you were a child.

5つ
挙げて
みよう

1

2

3

4

5

1

2

3

4

5

5つ
挙げて
みよう

子どもの頃、褒められたこと

List 5 things you were praised for as a child.

子どもの頃の、
あなたの
ヒーロー／ヒロインは
だれ？

Who was your hero/heroine as a child?

子どもの頃、
楽しかったことは
なに？

What did you enjoy
when you were little?

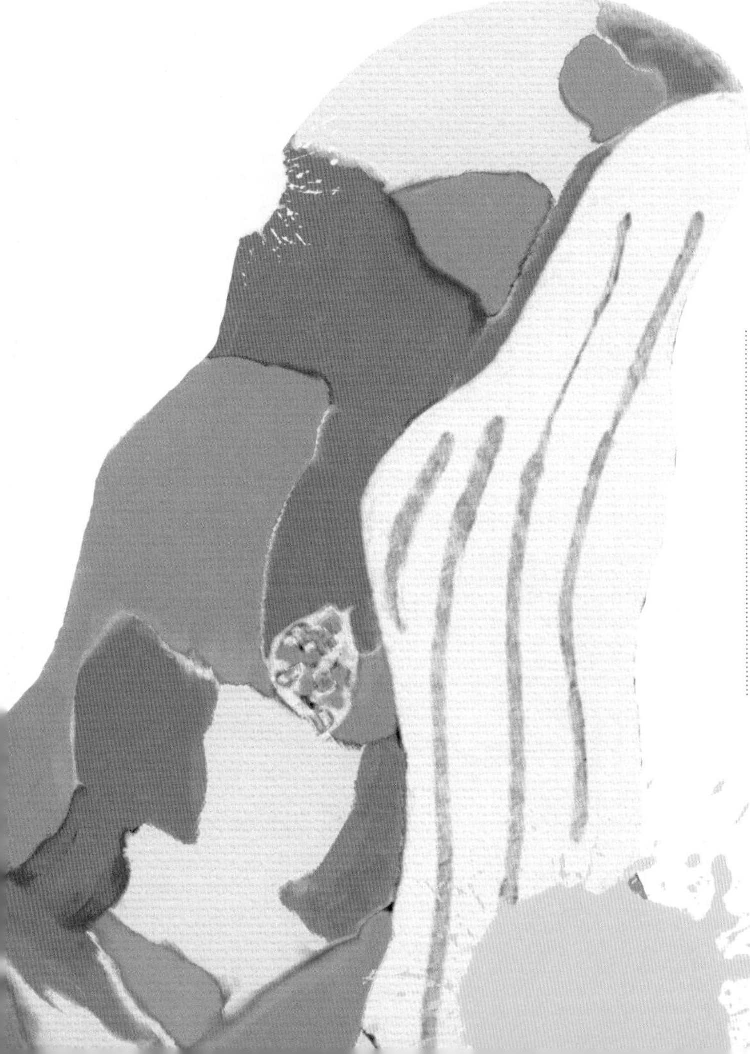

いま、それをするのにストップがかかっていない？
もしストップがかかっているなら、
いまここで取っ払ってみよう！
そのために、なにができる？

子どもの頃、
自分から
プレゼントを
あげたことはある？

Have you ever given a present
to yourself when you were little?

WHAT? WHY?

WHEN? TO WHOM?

子どもの頃に、傷ついたことはある？

Have you ever been emotionally hurt in your childhood?

下ページとその裏ページに書き出して、
思いきりビリビリに破いちゃおう!!
破いたら、
見えてきたハートの上に貼り付けてみよう♡

TO ME

子どもの自分へ手紙を書こう

Let's write a letter to yourself when you were little.

大人になったあなたから、子どもだったあなたに
想いを届けてみませんか?

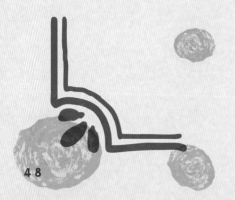

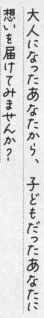

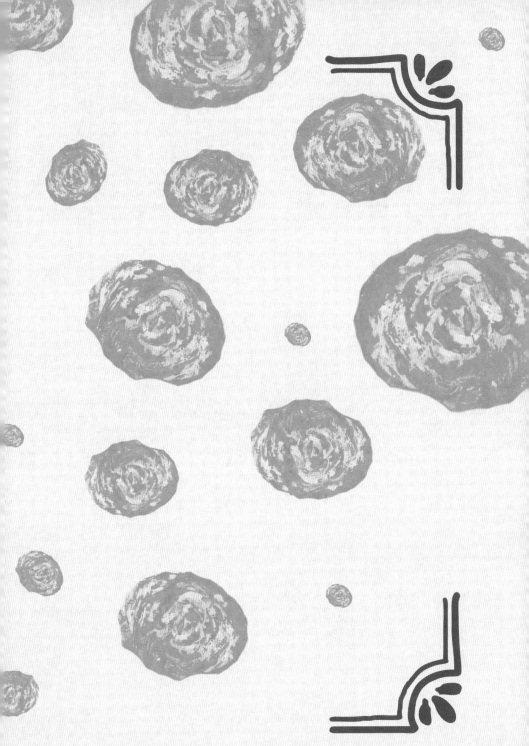

光のシャワーを浴びながら
僕と一緒に旅に出よう
どこでも好きな所にね
僕と一緒に旅に出よう

君の世界
君の世界

CHAPTER 2

本当のあなたを知ろう

who you are

書くことで思いきり解放して、
心、精神、魂をケアする
アートジャーナル

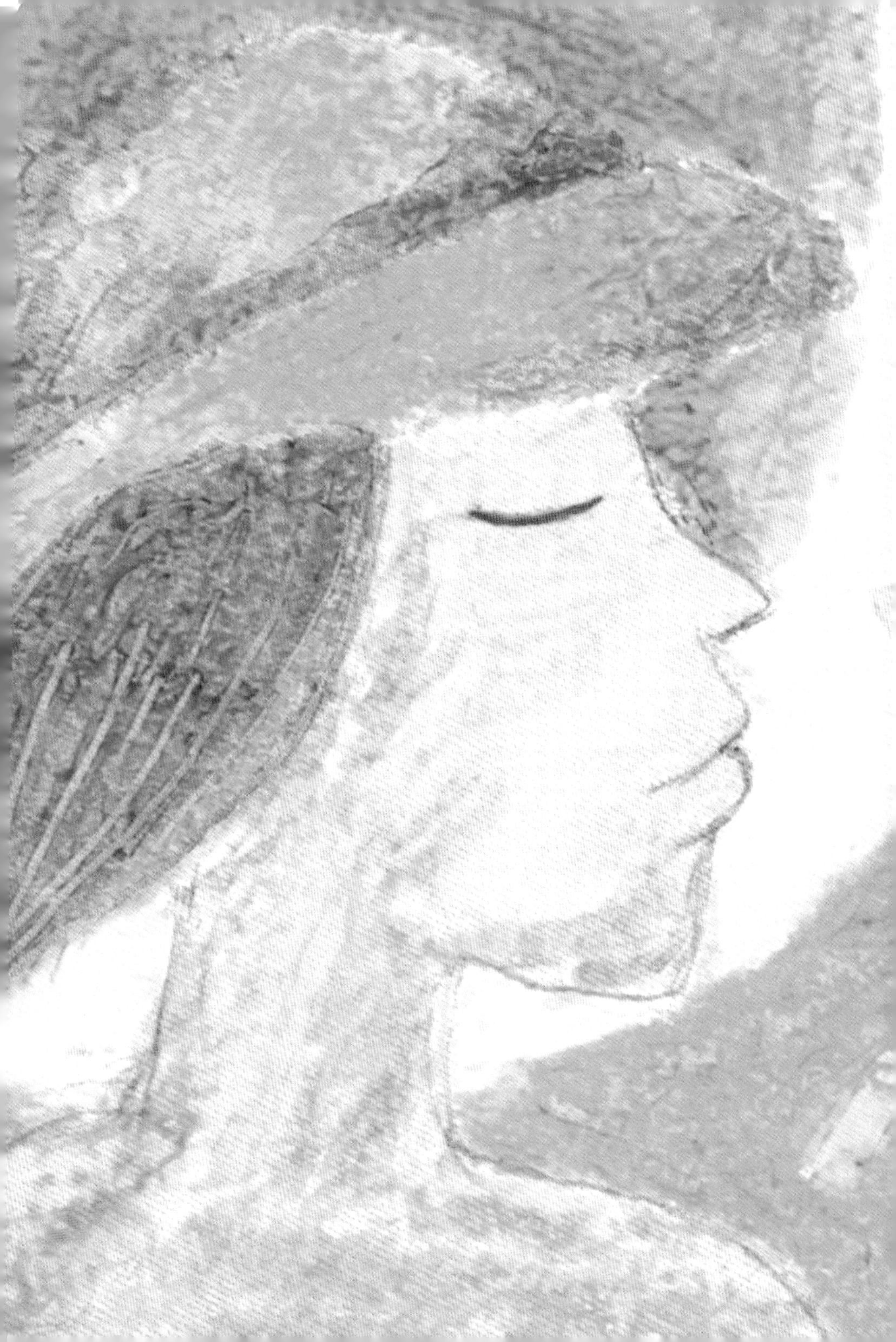

いまの
あなたの
心の状態は?

What is your state
of mind right now?

形を描いて、色を塗ってみよう

言葉で書いてもいいよ!

あなたは どんな人？

当てはまる
言葉を
書いてみよう

What kind of person are you?

私は ………………………………………… な人

私は ………………………………………… な人

私は ………………………………………… な人

私は ………………………………………… な人

私は ………………………………………… な人

私は ………………………………………… な人

私は ………………………………………… な人

私は ………………………………………… な人

私は ………………………………………… な人

私は ………………………………………… な人

私は ………………………………………… な人

私は ………………………………………… な人

私は ………………………………………… な人

私は ………………………………………… な人

な人

は　な人

は　な人

私は　な人

私は　な人

私は　な人

私は　な人

私は　な人

私は　な人

私は　な人

私は　な人

私は　な人

私は

あなたは友人からどんな人と言われている？

What kind of person would your friends say you are?

当てはまる言葉を書いてみよう

あなたのスタイルを表す言葉は？

choose a word
to describe your style!

選んでみよう

- 優雅
- カラフル
- 洗練された
- 上品
- ミニマリスト
- 大胆
- クラシカル
- ロマンチスト
- オーガニック
- 繊細
- 派手・キラキラ
- 華やか
- ミステリアス
- 陽気
- 静か
- レトロ
- スポーティ
- グラマラス
- 気まぐれ
- セクシー
- フェミニン
- キュート

あなたの
トレードマークは?

Let’s draw your trademark!

描いて
みよう

自分自身に

What do you wish

望むことは?

for yourself?

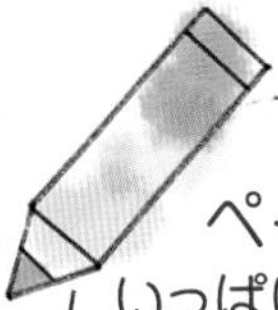

ページ
いっぱい使って
書き出して
みよう!

理想の体重は?
行きたい旅先は?
自分を活かせる仕事は?
住みたい場所は?

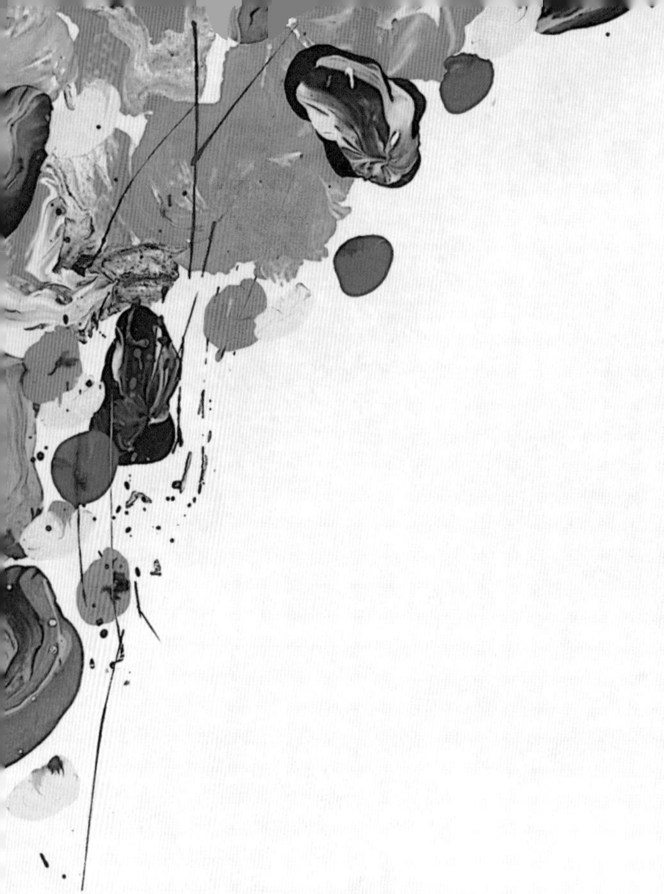

最近、あなたを笑顔に

What has made you

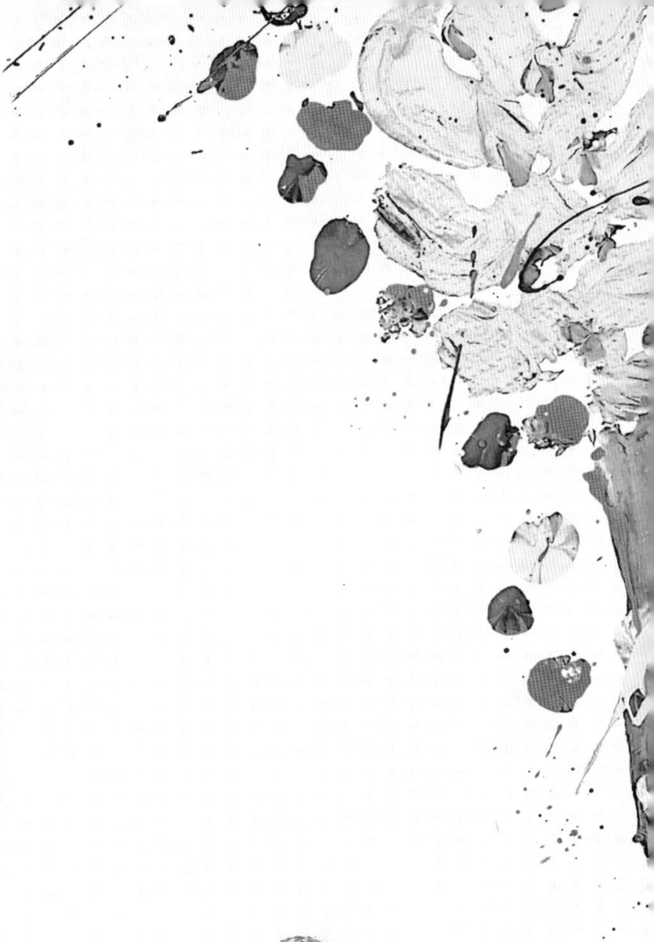

させてくれたのはなに?

smile recently?

いまの幸せ度はどのくらい？

How happy are you now?

今日、自分を幸せにできること

5つ挙げてみよう

List 5 things that would make you happy today.

1、

2、

3、

4、

5、

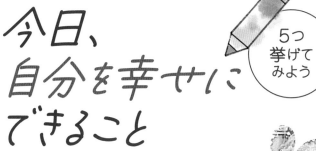

LET's TRY

ヒロインはあなた！
おとぎ話を書いてみよう

Write your fairy tale.

お話を書いてみよう

死ぬまでにしたい10のこと

10 things you want to do before you die.

10コ挙げてみよう

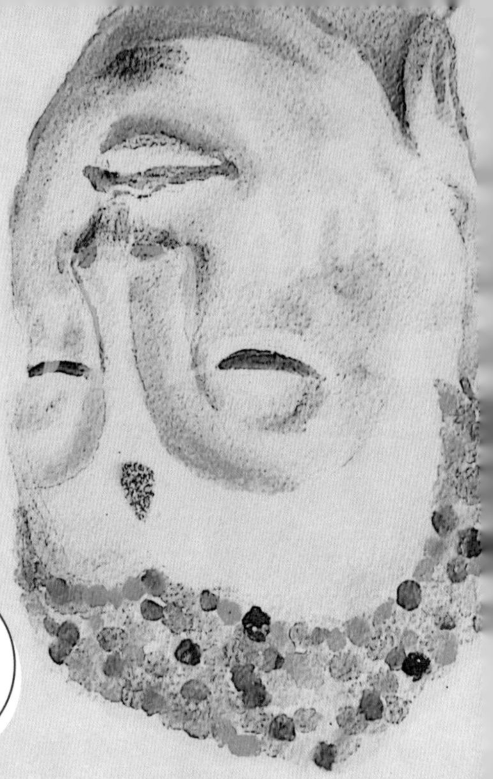

1

2

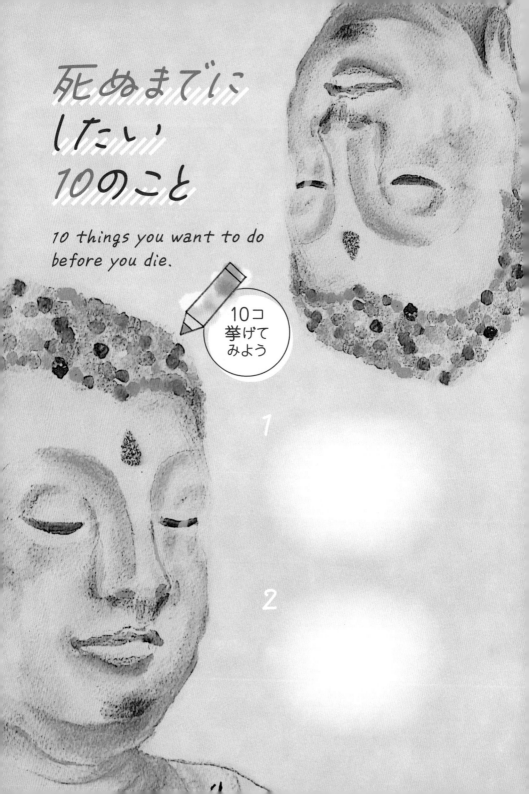

3

4

5

6

7

8

9

10

100%
絶対叶うとしたら、
どの3つの
夢を叶えたい？

Which 3 dreams would you like to achieve
if they were 100% certain to come true?

たとえ
失敗するとしても、
追いかけたい
3つの夢はなに？

What 3 dreams would you like
to pursue even if you fail?

人に言ったら
笑われそうな
夢はある？

Do you have a dream
that people would laugh
at if you told them?

ここだけの話だから、

こっそり教えて！

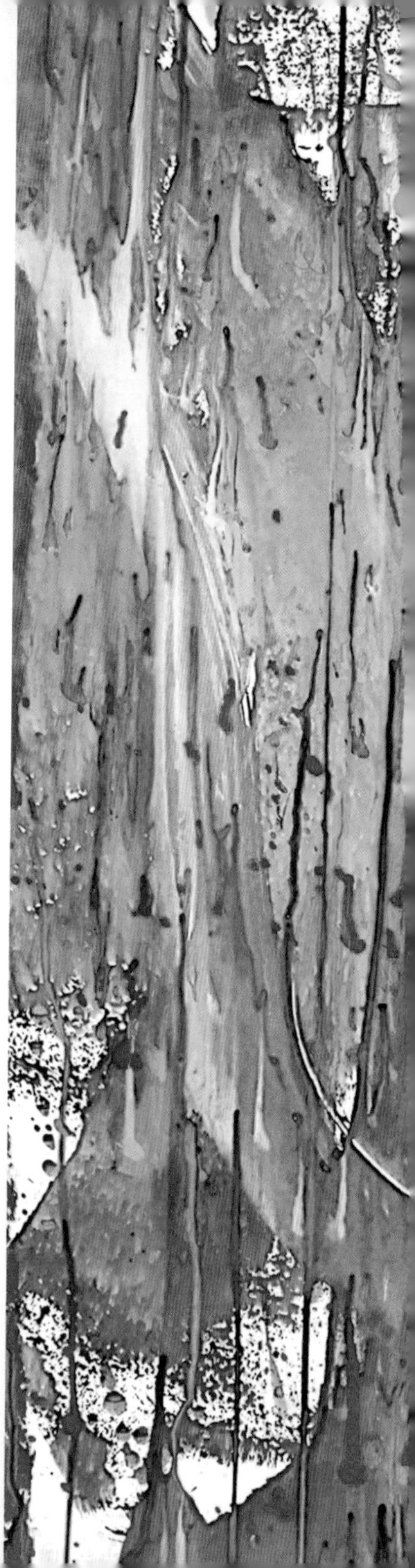

バカバカしいな、非現実的だなと思う夢はある?

Do you have any dreams that you think are silly or unrealistic?

その夢、
パッと頭に浮かんだ人に
シェアしてみよう!

最近見た、奇妙な夢は？

絵で描いてみよう

What is the strangest dream you had recently?

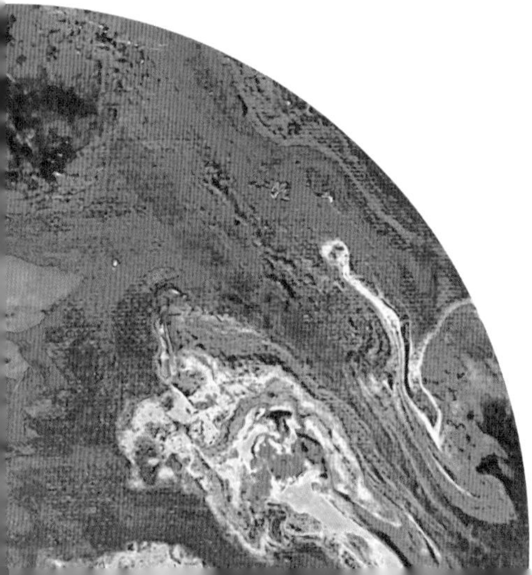

あなたの一番大きな夢はなに?

What is your biggest dream?

夢が叶っている自分になりきってみよう!

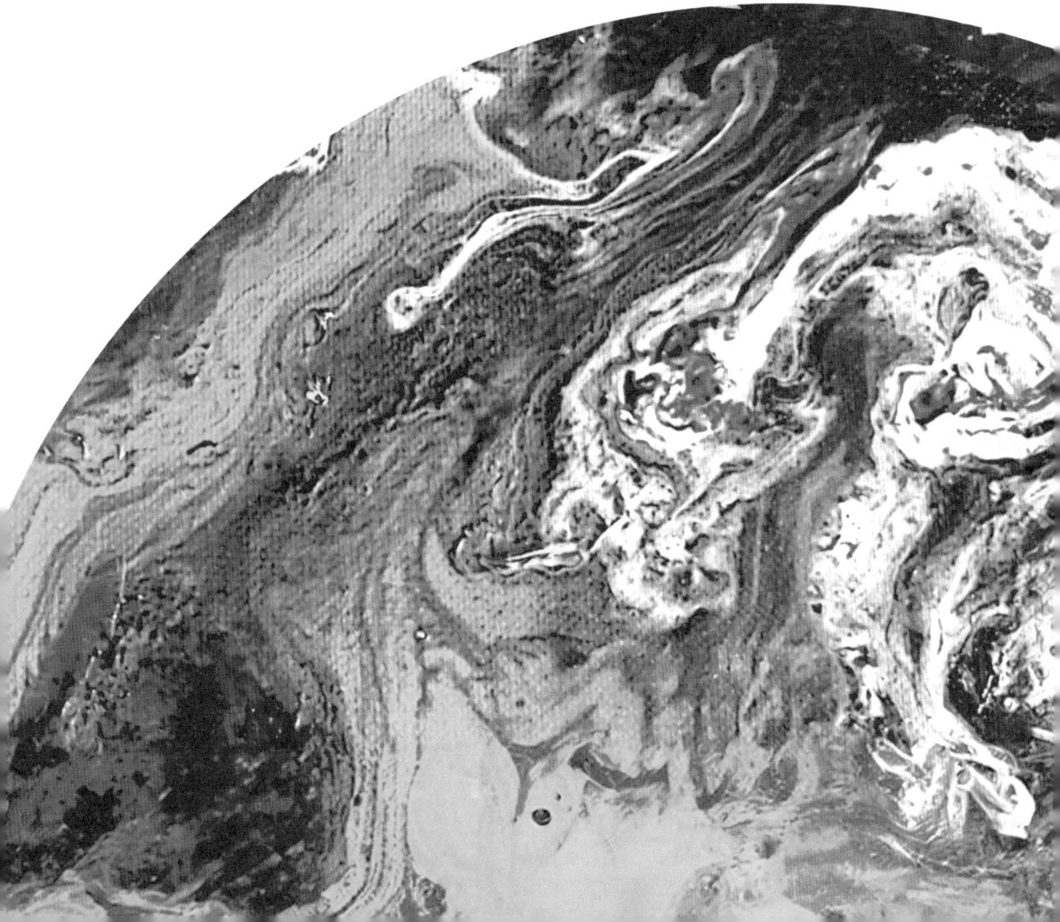

あなたの夢を邪魔しているものはなに?

What is preventing you from dreaming?

足かせになっている
恐れ・不安があるなら、
全部吐き出してみよう!

あなたの夢が叶ったら、どんな素敵な世界になる?

What wonderful world would it be if your dream came true?

あなたの夢が世界を創る!
そんな気持ちでイメージしてみて!

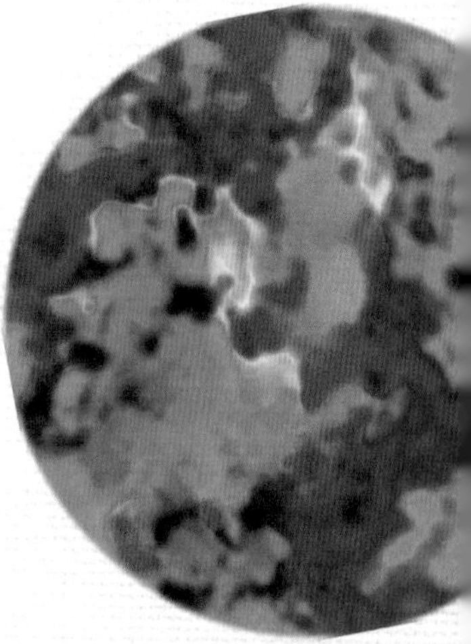

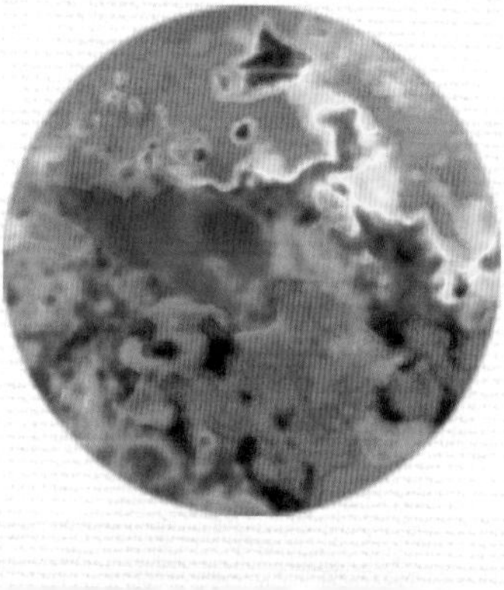

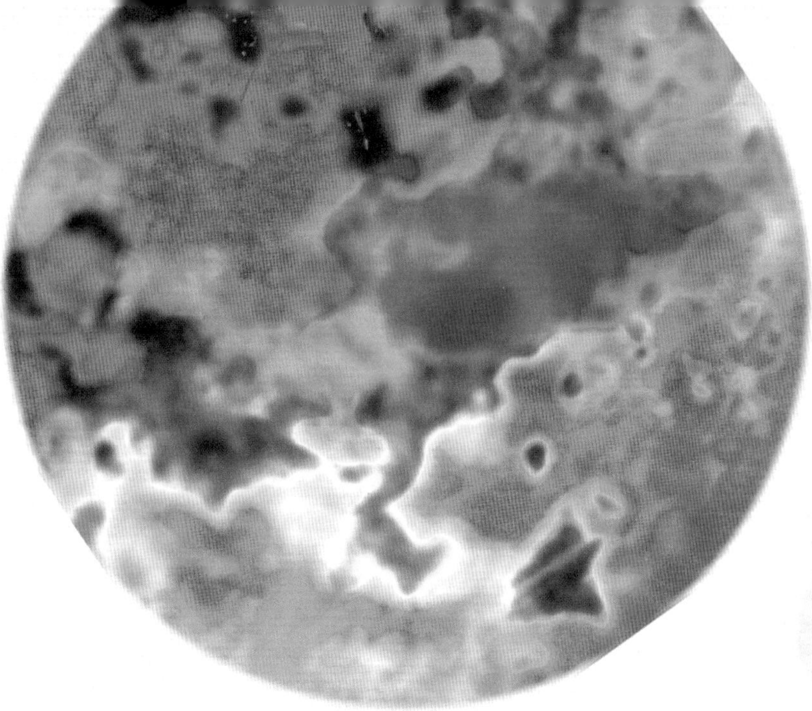

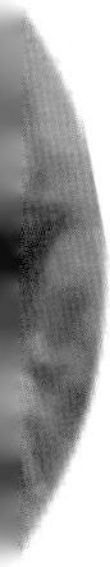

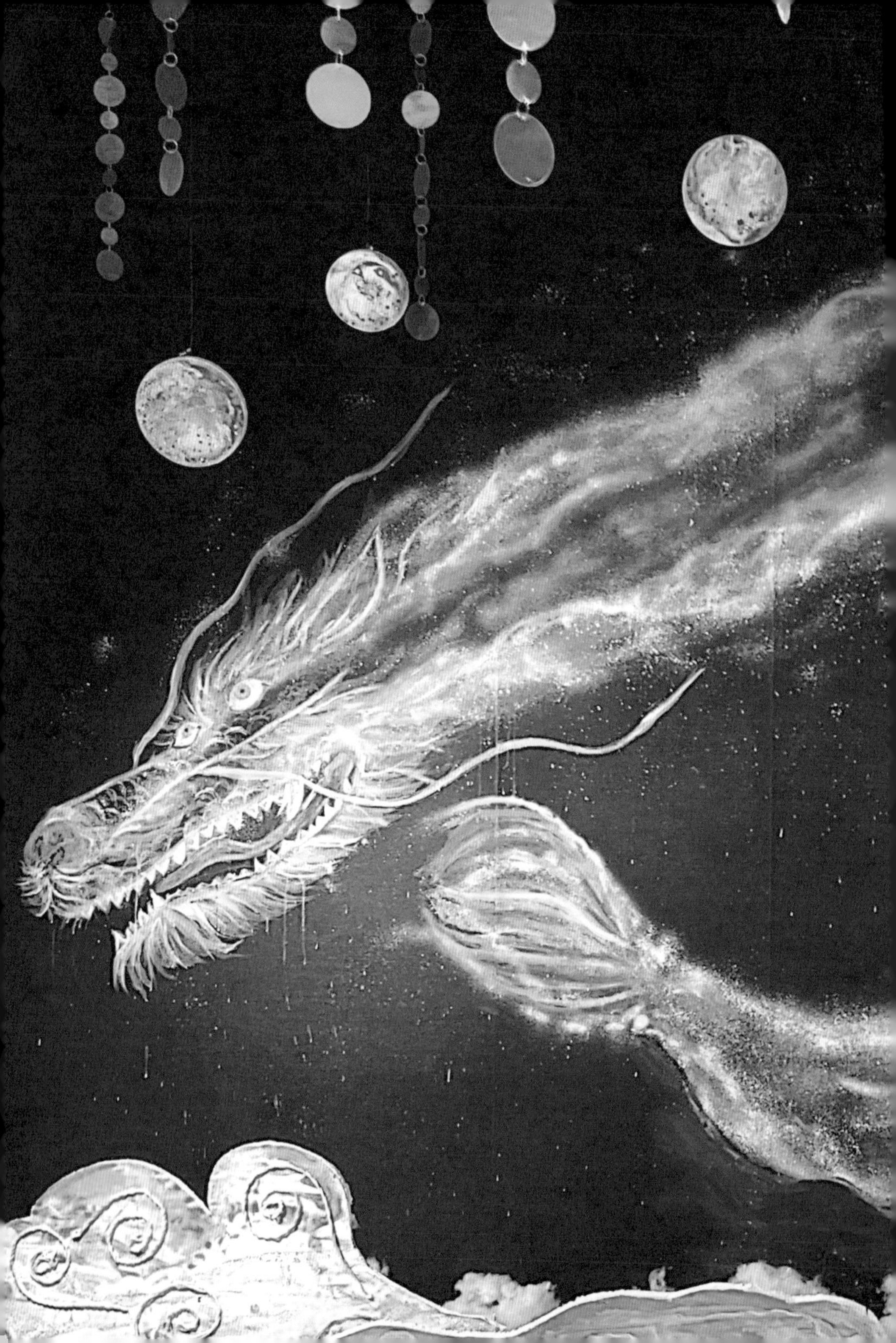

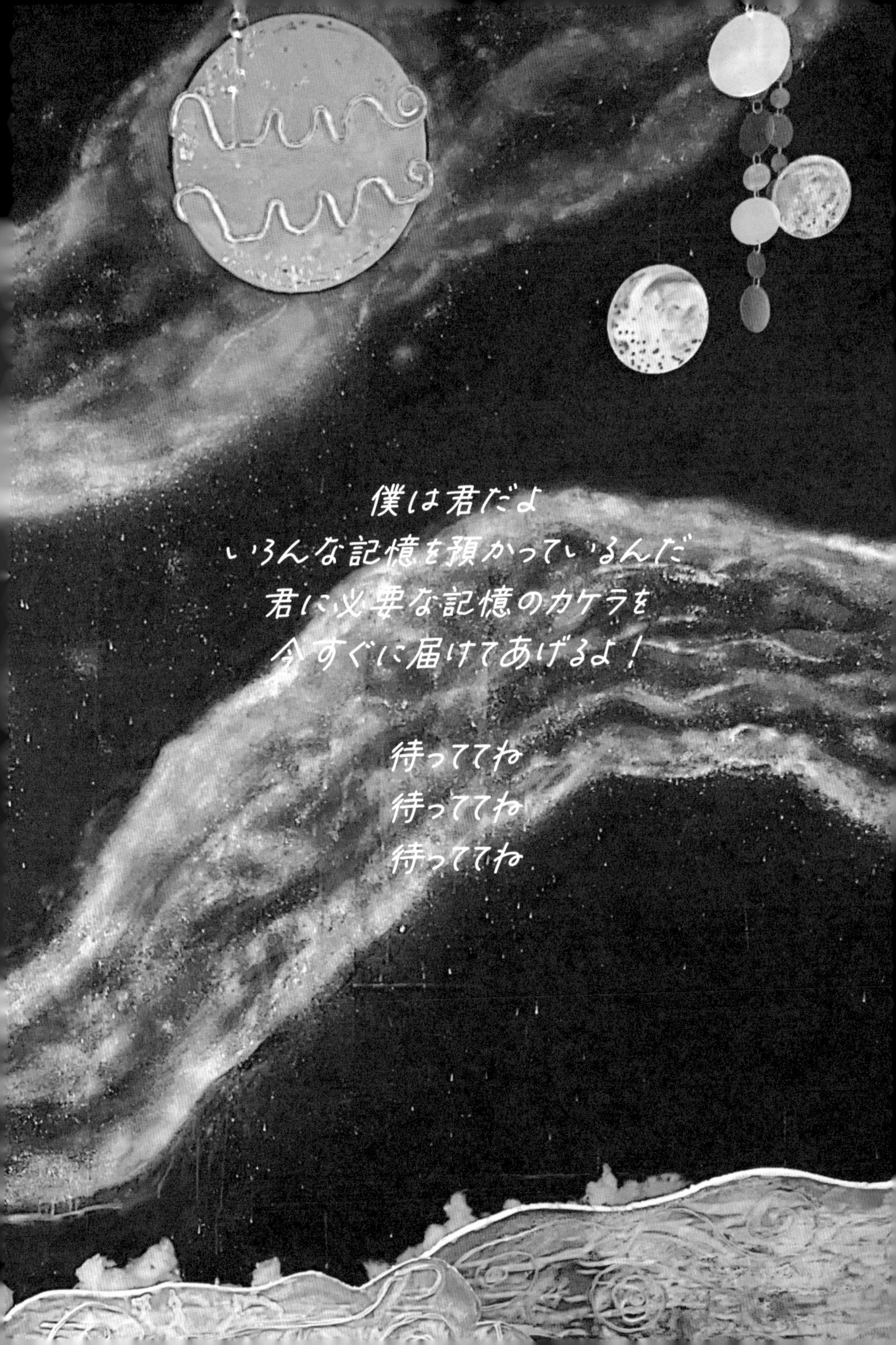
僕は君だよ
いろんな記憶を預かっているんだ
君に必要な記憶のカケラを
今すぐに届けてあげるよ！
待っててね
待っててね
待っててね

あなたが着たい服を着せてみよう

絵で描いてみよう

Let's dress you
in the clothes you want to wear.

絵で描いてみよう

あなたがしたい髪型にしてみよう

Let's make your hair the way you want it to be.

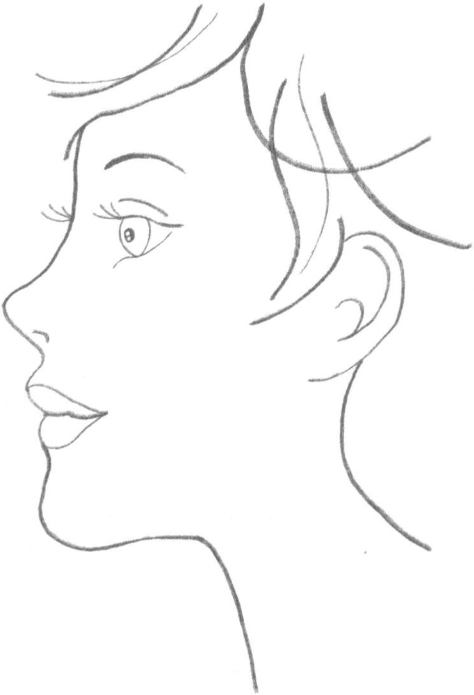

あなたの
理想の家を
描いてみよう

Draw your ideal house.

絵で描いてみよう

あなたの
理想の庭を
描いてみよう

Draw your ideal garden.

絵で
描いて
みよう

あなたの
理想の旅行を
描いてみよう

Draw your ideal trip.

絵で描いてみよう

一生、付き合いたい友人は
どんな人？

What kind of friend would you like
to have for the rest of your life?

あなたを支えて
守ってくれる人は？

Who would support and protect you?

あなたを
笑顔に
させてくれる人は？

Who makes you smile?

みたい人は？

Who would you like to meet
and talk to just once?

この世に生きている人

....

天国にいる人

一度でいいから、会って話して

あなたが
“お金”を
かけてきたことは
なに？

What have you spent
your “money” on?

あなたが“時間”をかけてきたことはなに?

What have you spent your “time” on?

人には言えない趣味はある?

Do you have any hobbies that you can't tell people about?

当てはまる言葉を書いてみよう

私、じつは　　　　の専門家です

私、じつは　　　　がプロ級です

私、じつは　　　　では負けません

私、じつは　　　　に人生を捧げています

私、じつは

です

私、じつは

です

私、じつは

です

私、じつは

です

私、じつは

です

私、じつは

です

私、じつは

です

この曲を聴いたら
ダンスしたくなる曲は?

What song makes you want
to dance when you hear it?

どこが好き?
特にどのパートで飛び跳ねたくなる?
その曲、いますぐかけてみよう!

好きな花を描いてみよう

Draw your favorite flower.

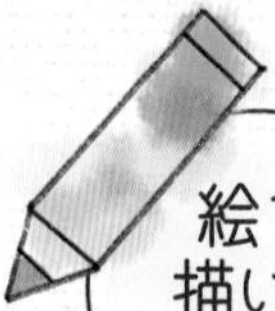

絵で
描いて
みよう

塗り絵にもチャレンジ！

好きな動物を
描いてみよう

Draw your favorite animal.

絵で描いてみよう

描いた動物の家族や仲間も描いてみて!

好きな景色を描いてみよう

Draw your favorite scenery.

絵で描いてみよう

写真を貼るのもいいね!

君の音を取り戻してあげる
その音は色となり花となり光となり
とても美しく咲いていく
それを見るのが好きなんだ

美しい
美しい
美しい

君は一輪と思っているけど
本当はすべての中の一部なんだ
見てごらん
こんなにキラキラ眩しいんだ

奇麗だ
奇麗だ
奇麗だ

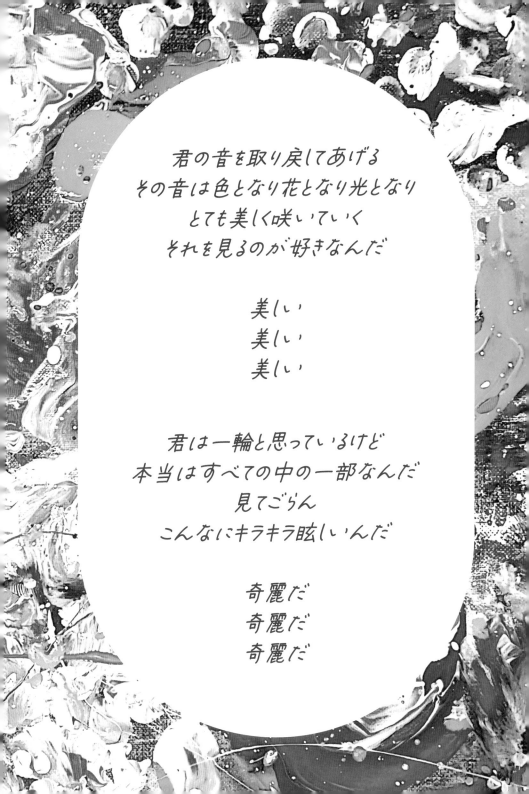

大変！
あなたの家が火
いますぐ逃げな

事です！

きゃ！

5つだけ
持ち出すとしたら？

If you could take only 5 things out of the house, what would they be?

これまでの人生で……

in your life…

3つの逃したチャンス

1、

2、

3、

後悔した3つのこと

1、

2、

3、

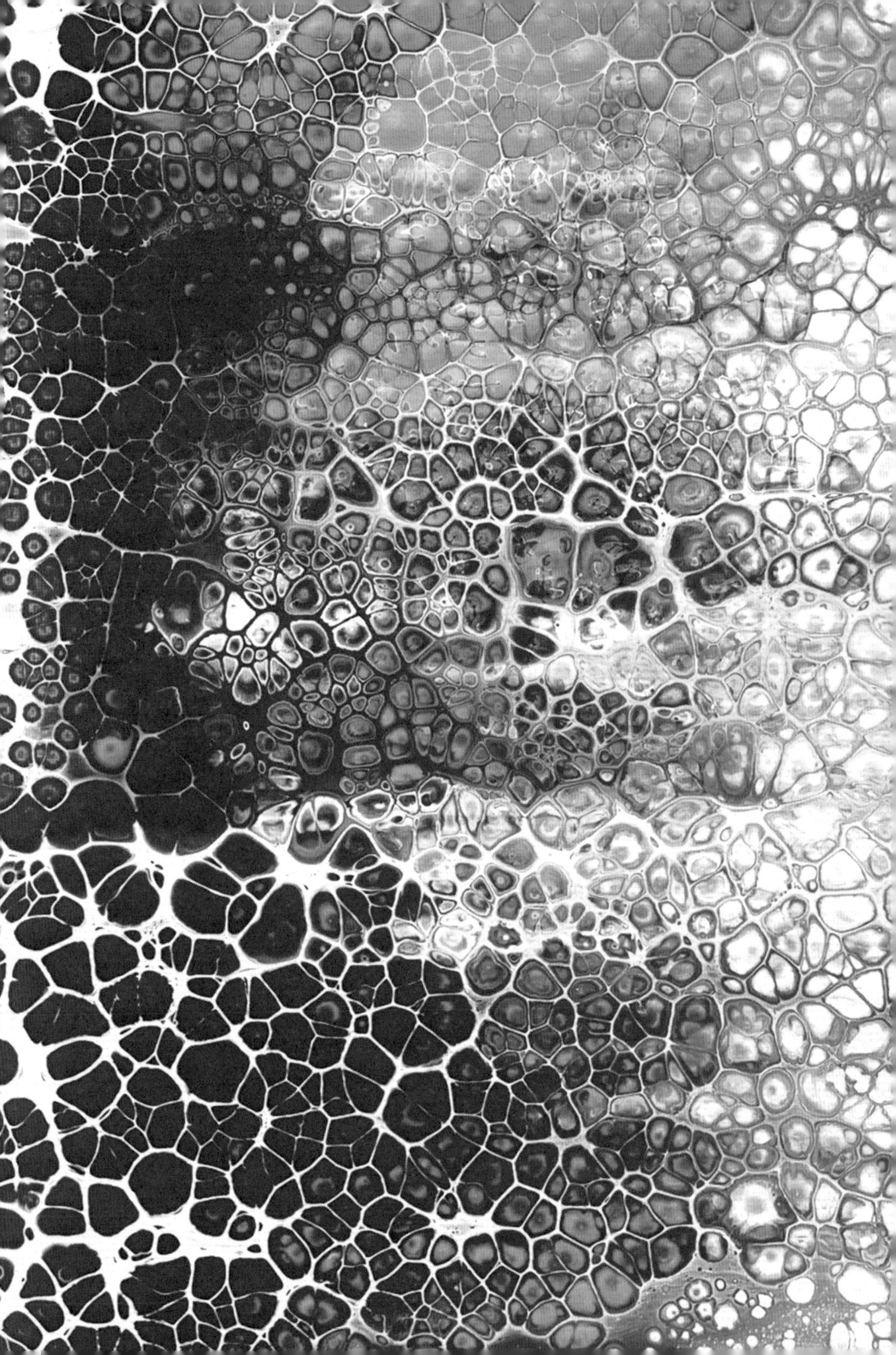

幸運だなと感じたことはある？

Have you ever felt lucky in your life?

WHY?

TO WHOM?

WHY?

TO WHOM?

WHY?

TO WHOM?

WHY?

TO WHOM?

あなたが感謝していることは?

What are you grateful for?

毎日1つでもOK！一度に全部書いてもOK！

WHY ?

TO WHOM ?

WHY ?

TO WHOM ?

WHY ?

TO WHOM ?

WHY ?

TO WHOM ?

WHY ?

TO WHOM ?

WHY ?

TO WHOM ?

WHY ?

TO WHOM ?

WHY ?

TO WHOM ?

いま死んだら、
後悔することはある?

If you died now, what would you regret?

あなたにはどん

What limitations

これは絶対するべき！

べき！

べき！

べき！

べき！

べき！

べき！

べき！

べき！

べき！

べき！

べき！

な制限がある?

do you have?

思いつく
限り
書き出して
みよう!

これは絶対するべからず!

してはいけない!

してはいけない!

してはいけない!

してはいけない!

してはいけない!

してはいけない!

してはいけない!

してはいけない!

してはいけない!

してはいけない!

してはいけない!

なにをしている時、
“らしくないな”と
感じる？

What makes you feel
“out of character” ?

いま悩んでいること・ストレスはある？

What are your current problems or stresses?

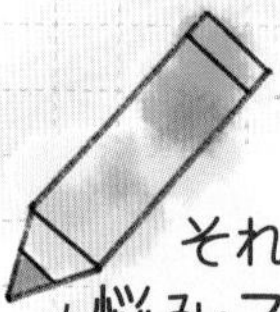

それぞれの悩み・ストレスと、その解決策を書いてみよう

こんなことを抱えてます！		こうしたら良くなるかも？
悩み・ストレス	▶	解決策

こんなことを抱えてます！		こうしたら良くなるかも?
悩み・ストレス	▶	解決策
	▶	
	▶	
	▶	
	▶	
	▶	
	▶	
	▶	
	▶	

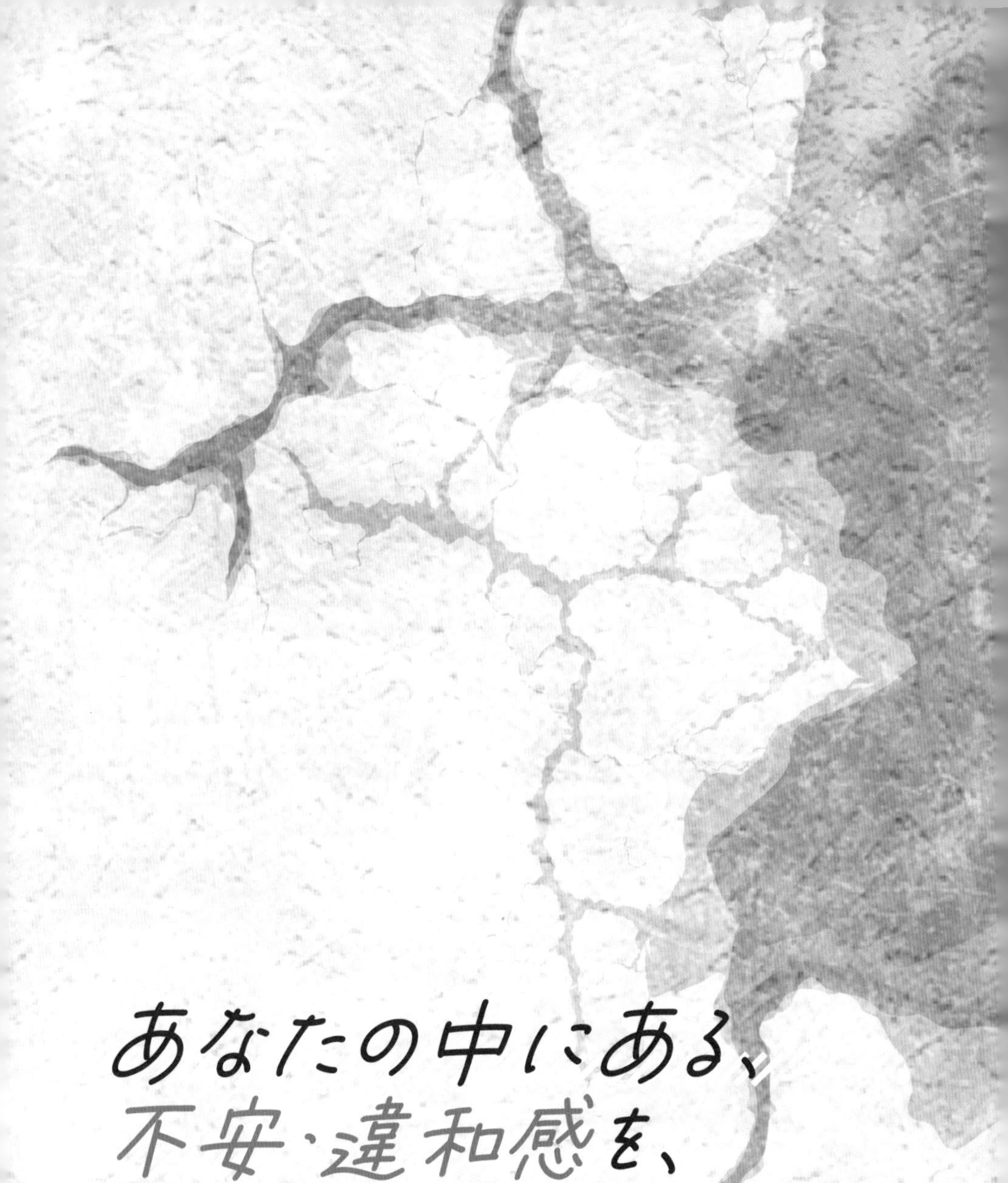

あなたの中にある、不安・違和感を、書いてみよう

What is the uneasiness/discomfort in you,
Let's write them down in the cracks.

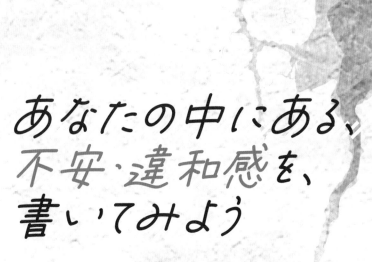

あなたが変えたい、自分の性格は？

List 3 things about your personality that you would like to improve!

3つ挙げてみよう

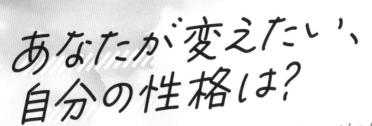

どんな未来を
みてみたい？

What kind of future do you want to see?

たっぷり色も使って、描いてみよう！

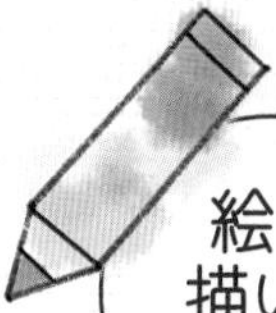

絵で
描いて
みよう

人生で
もっとも美しいと
思うものは?

What do you think is the most beautiful thing
in your life?

それは物?
自然?
人物?
人間関係?
描写してみよう!

TO ME

10・20・30年後の自分に手紙を書こう

Write a letter to
yourself 10, 20, 30 years from now.

TO.10年後（　　　歳）のわたしへ

TO.20年後(　　　　歳)のわたしへ

TO.30年後(　　　　歳)のわたしへ

どんな来世にしたい!?

What kind of afterlife do you want?

性別は?　容姿は?　国は?　家族は?

能力は?　そもそも地球?

ワクワク
しながら
描いてみよう!

あなたは
宇宙の創造主です。
あなたの創造力で、
世界・宇宙を
つくりかえることが
できるとしたら、
どうしたい？

方法は？
順序は？
手段は？
最終的な姿は？

What would you like to do if you could change the world and the universe with your creative power?

僕はここが大好きなんだ
ここに連れてきてくれて
ありがとう
ここにいさせてくれて
ありがとう

嬉しい
嬉しい
嬉しい

CHAPTER 3

アートでクリエイティブ！

Make your own RAINBOW

あなたの
創造性を爆発させる
アートジャーナル

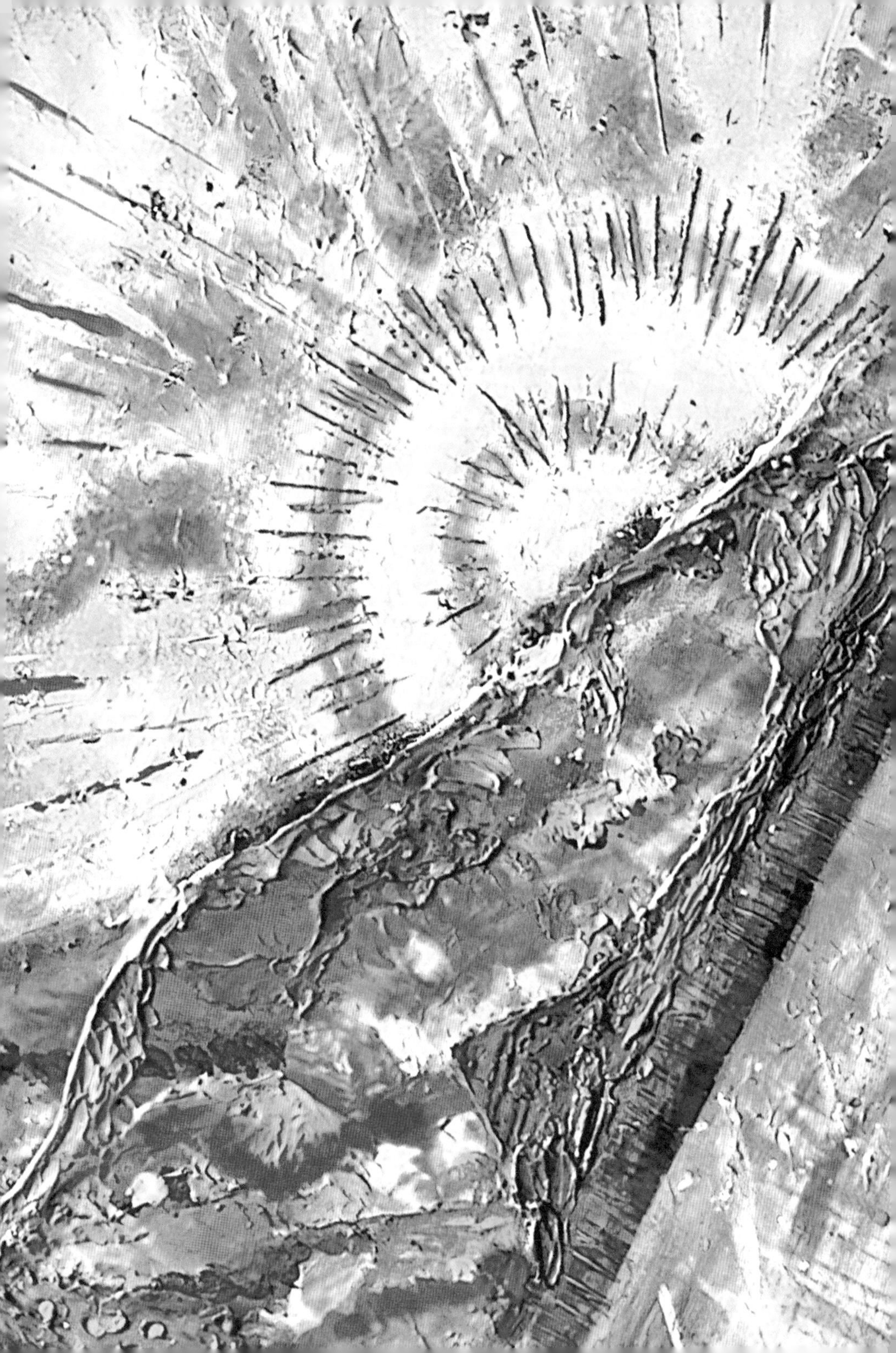

いまの
あなたの気持ちを
セリフにしよう！

Let's make a line about
how you are feeling right now!

通常モード口調

男性口調

甘え口調

動物口調

丁寧貴族口調

天使、神さま口調

絵で
描いて
みよう

この渦巻きに
付け足して
描いてみよう！

Let's add to this swirl and draw it!

どんな渦だと思う？　どんな形？　どんな色？

付け足していくと……

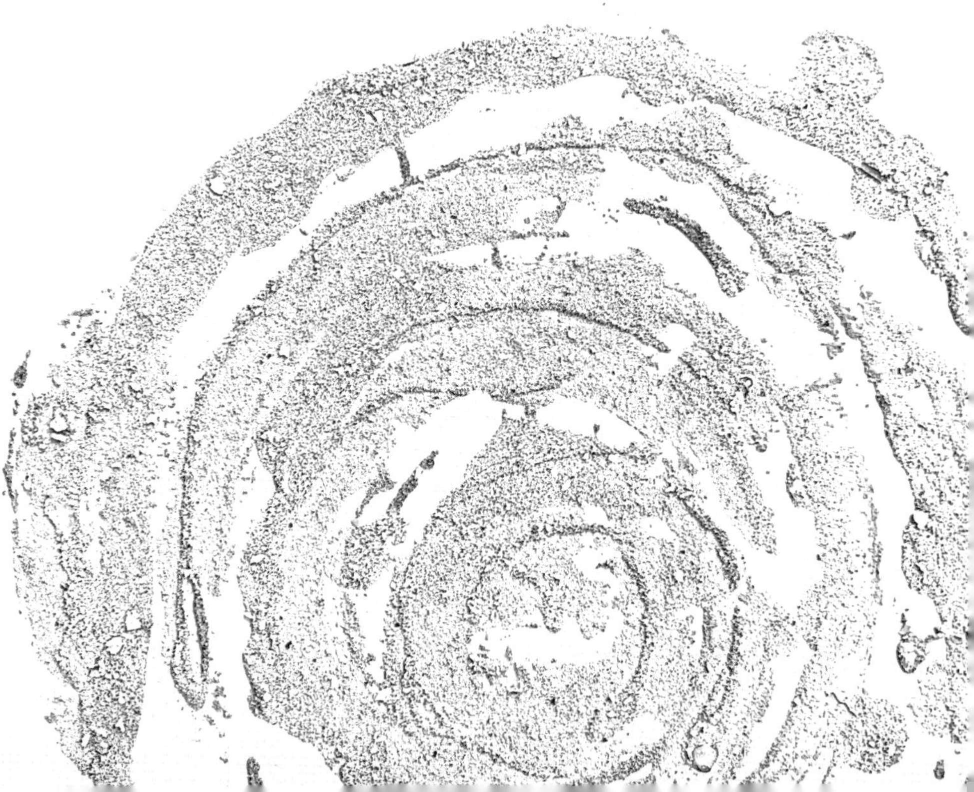

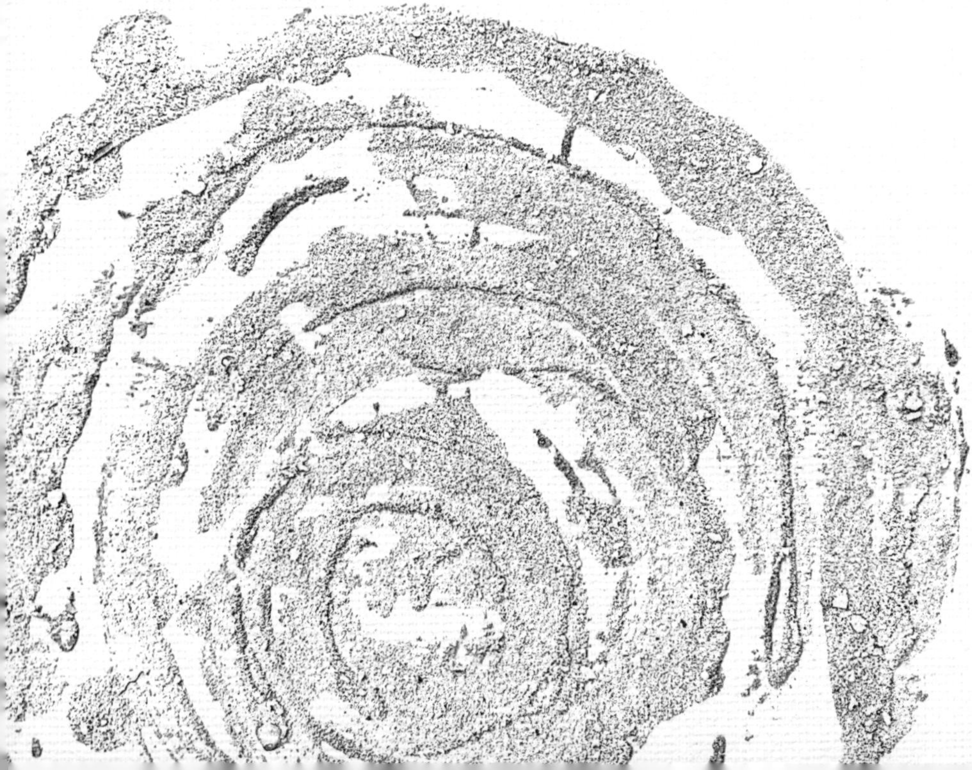

さあ、
すべて渦巻きを
描き終えました。
どんな気持ちですか？

Now that you have finished drawing all the swirls, how do you feel?

浮かんできたことを書いてみよう

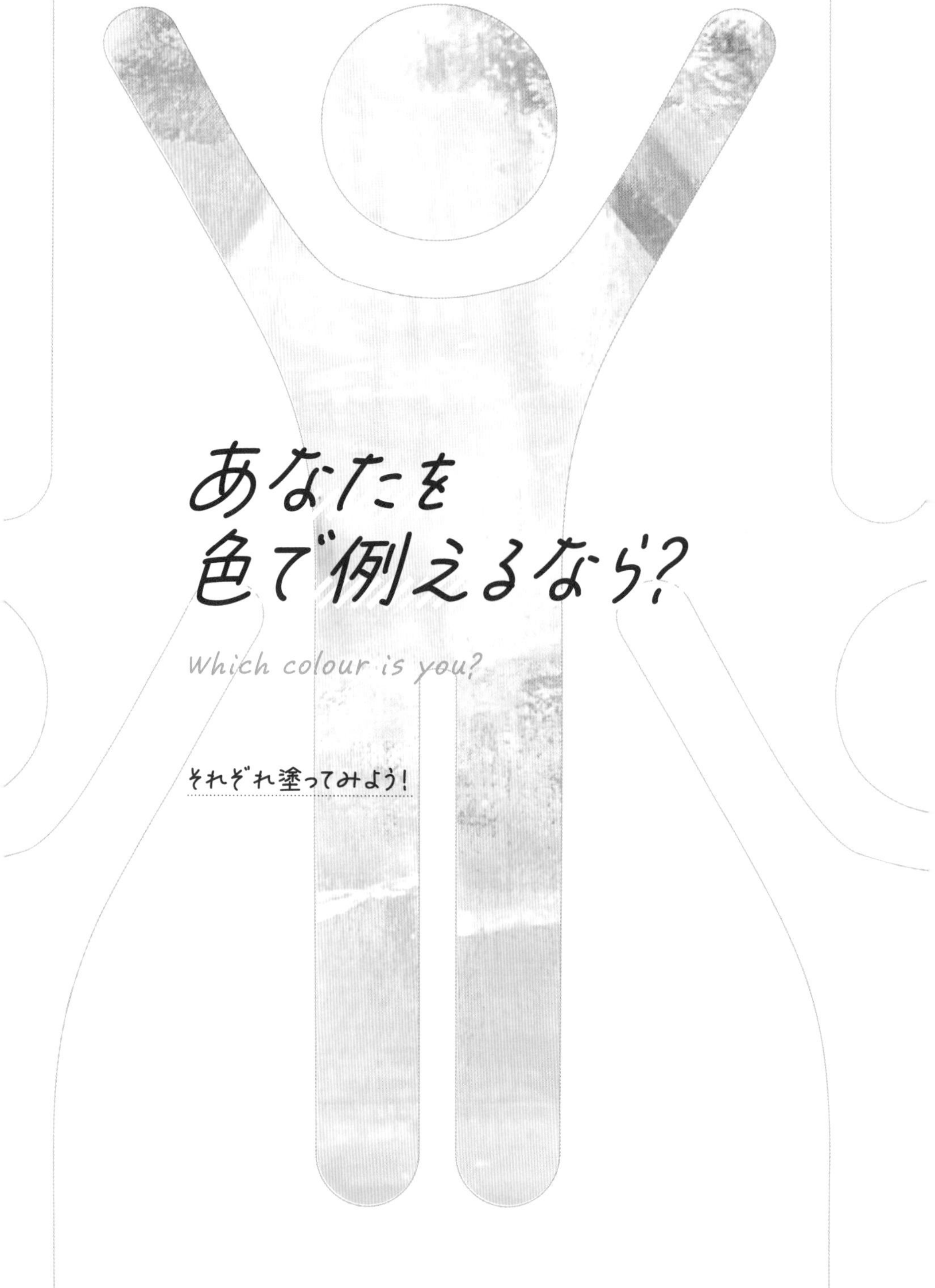

あなたを色で例えるなら?

Which colour is you?

それぞれ塗ってみよう!

YOU

あなたの人生に
彩りを加えるなら、
なにが必要？
自由に描いてみよう

What colour would you
like to add to your life?

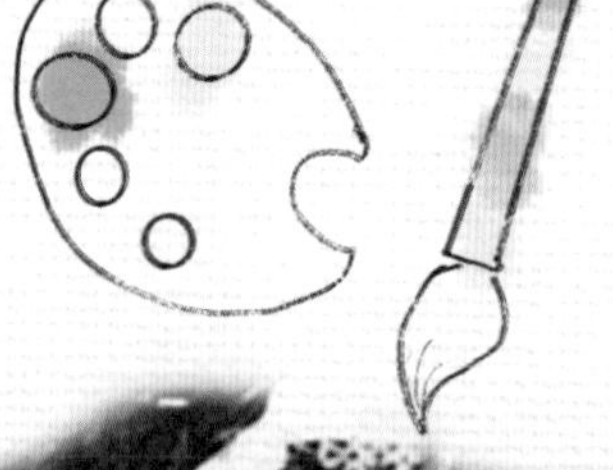

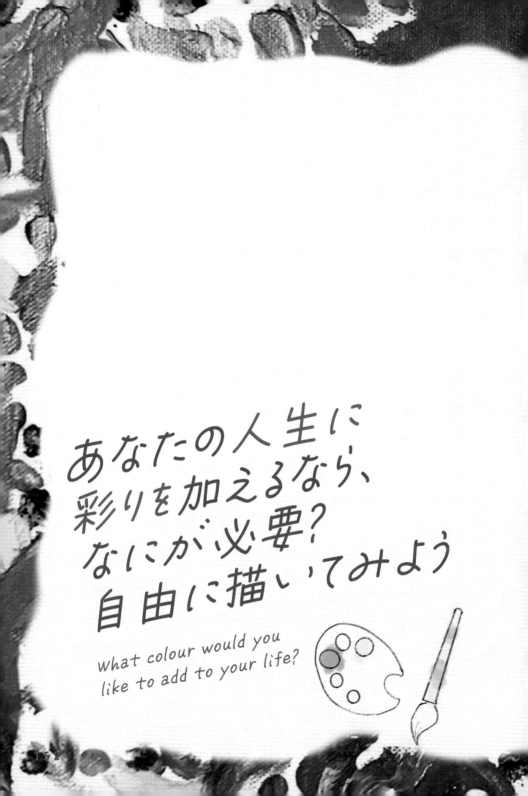

あなたにとっての
幸せの色は?
うず巻きを塗ってみよう

What color resonate your happiness ?

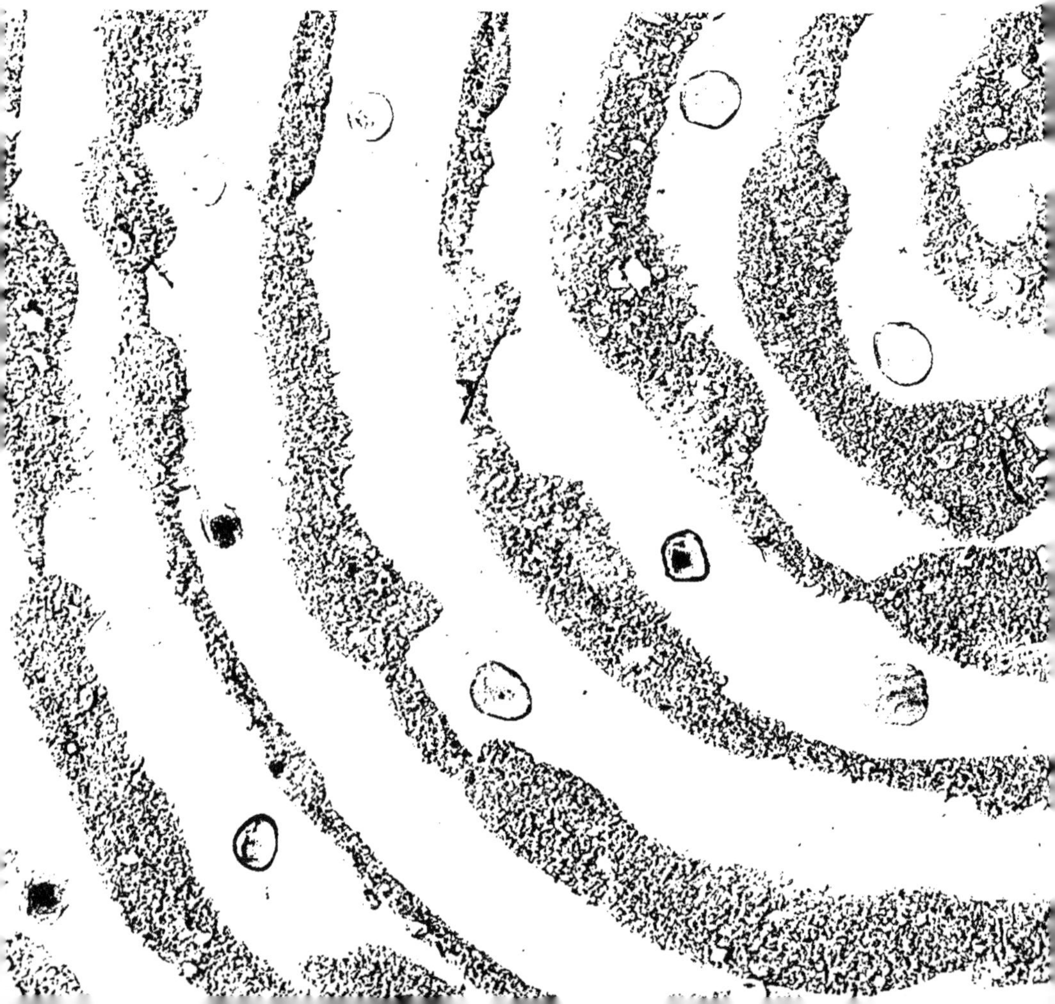

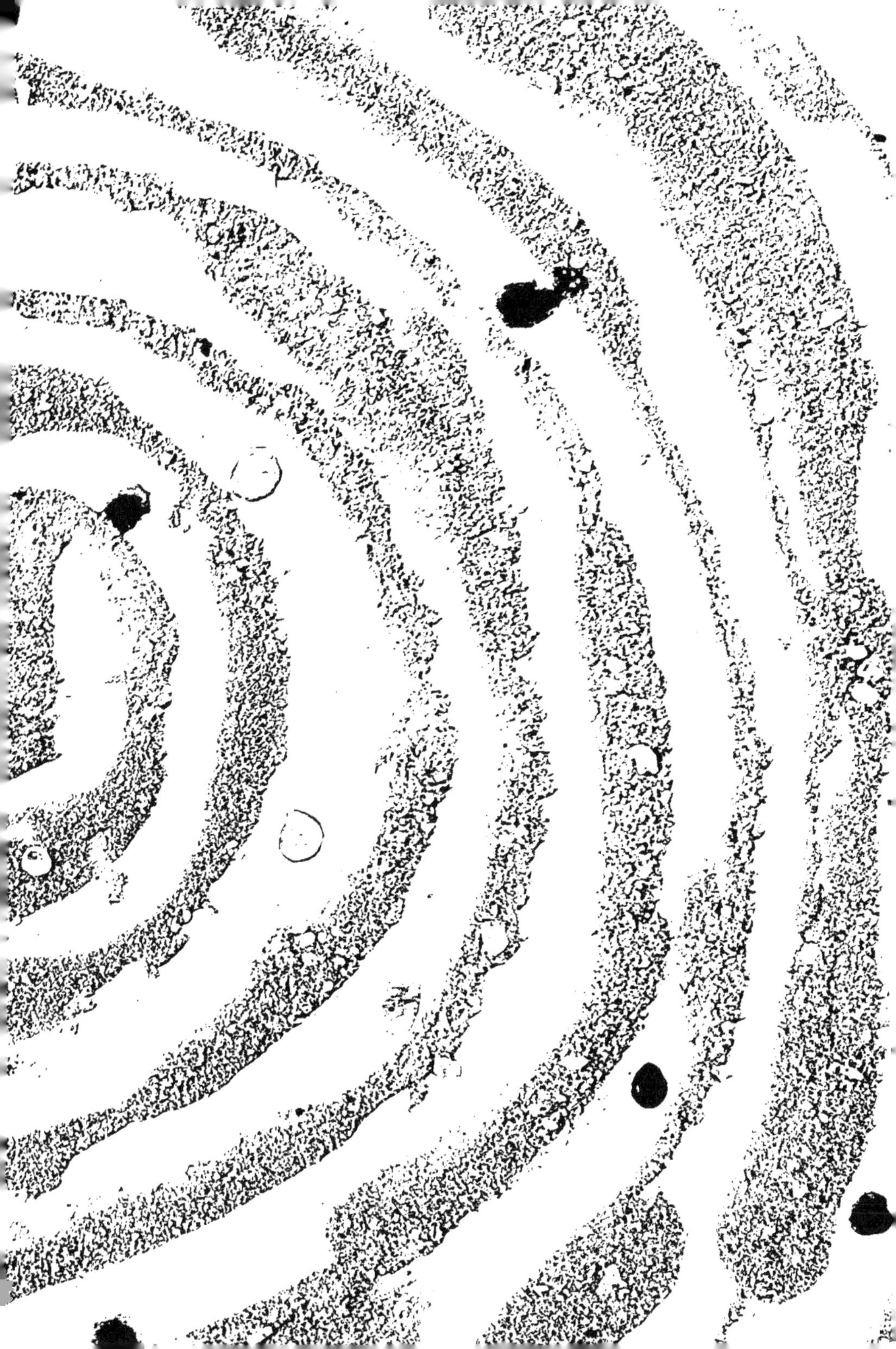

FREE BOARD

Lun Lun Artの
ワークショップ参加者が描いた
「惑星アート」の一例を
ご紹介。
あなたも思いのままに
描いてみよう！

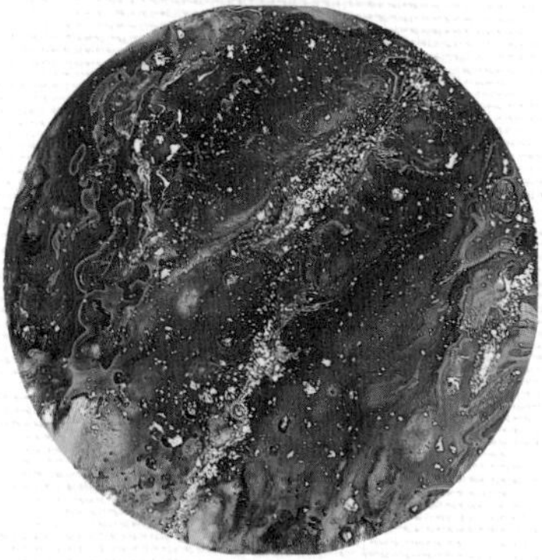

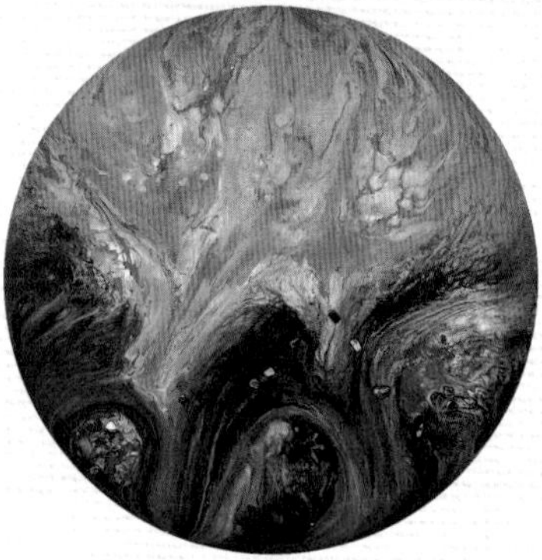

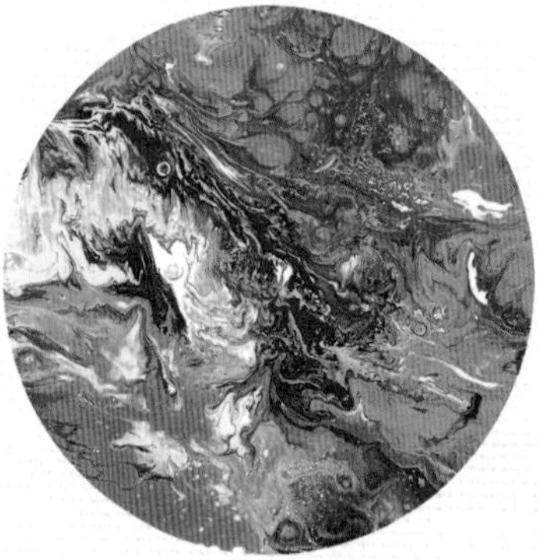

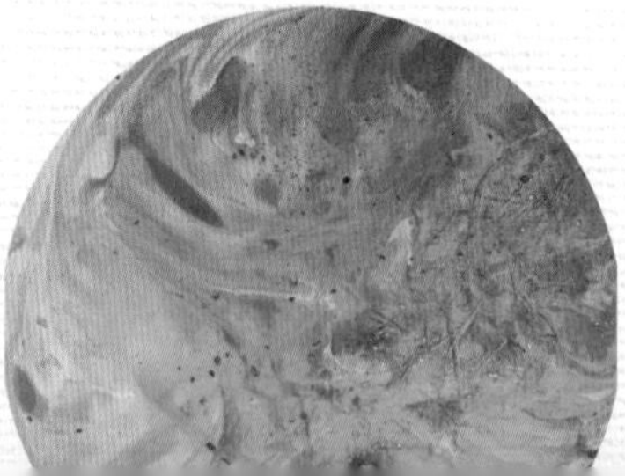

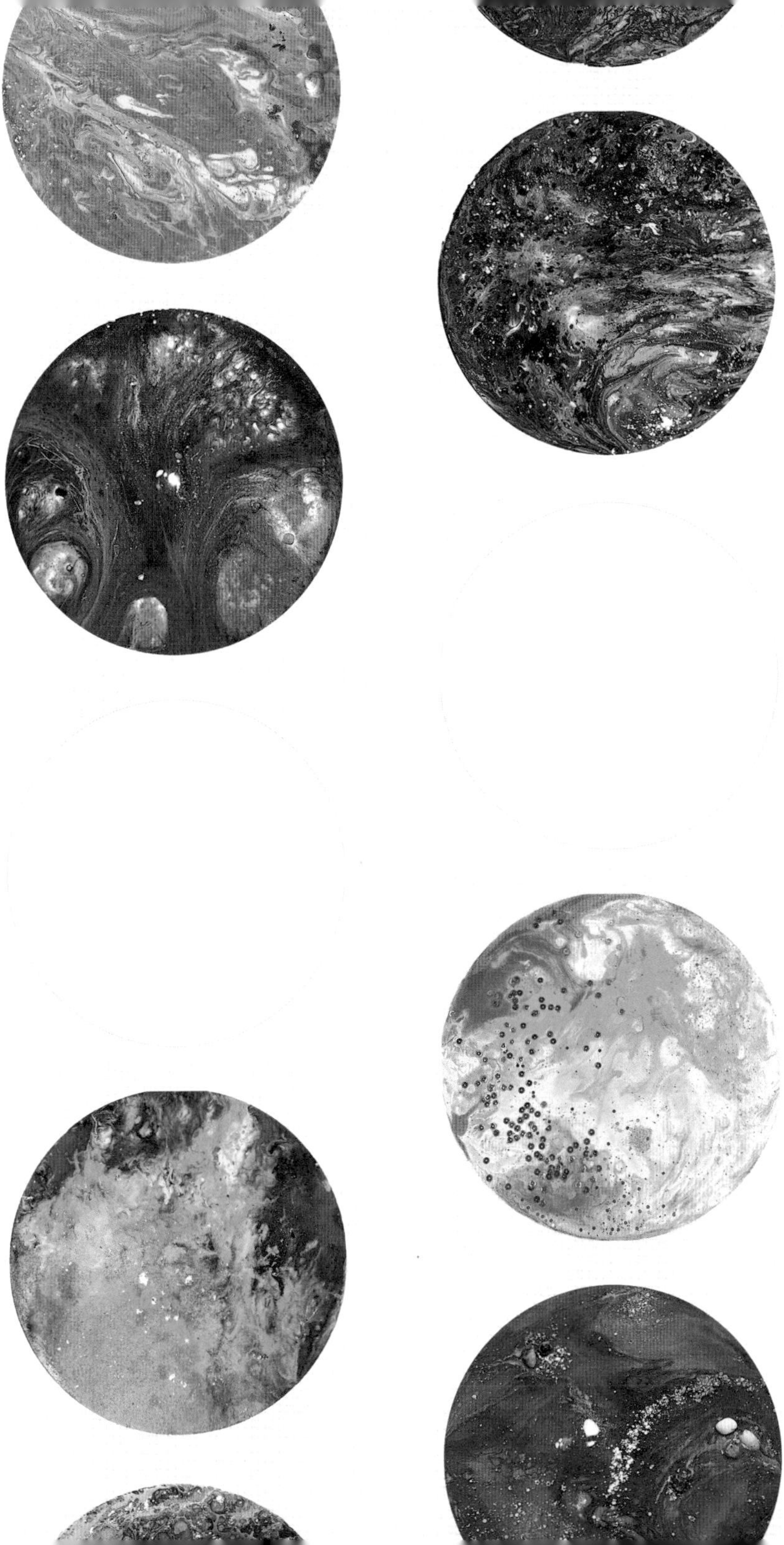

FREE BOARD

あなたの世界を自由にクリエイティブしてみよう！

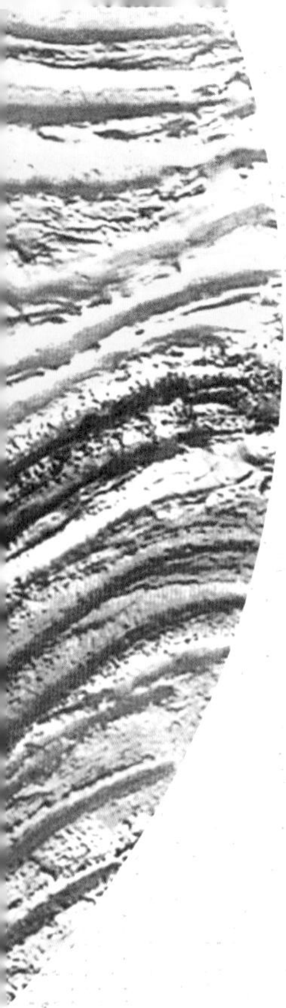

渦と虹の音でできている僕らは
この世界を明るく照らす存在なんだ
君が世界を照らしているんだ
さあ、その音を広げていこう

和音
和音
和音

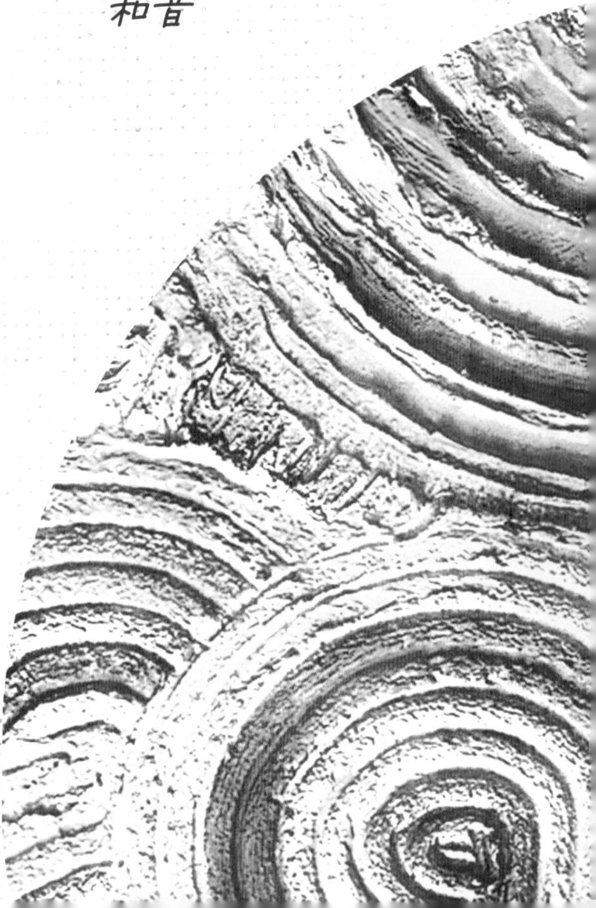

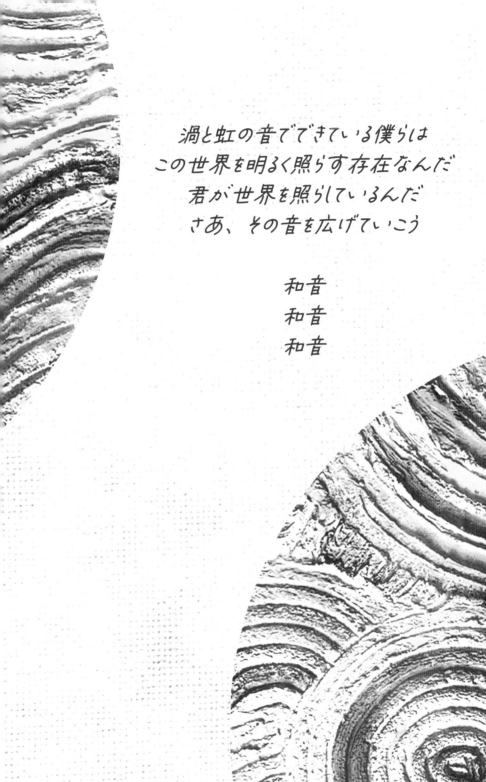

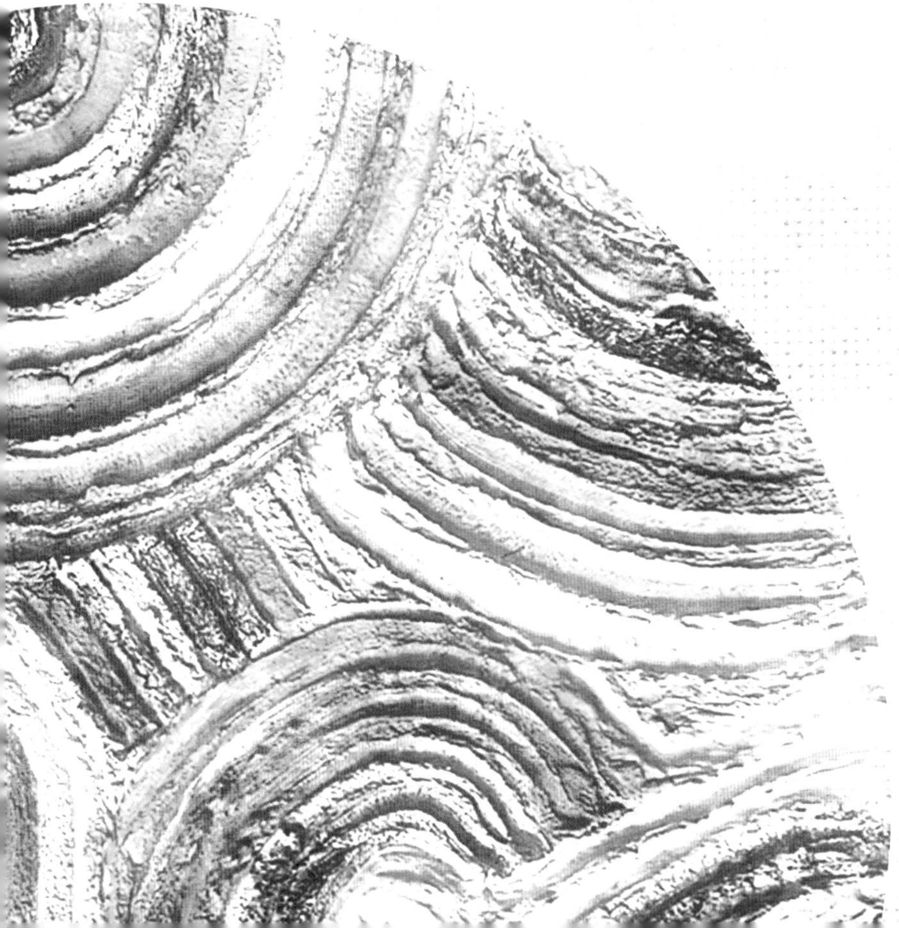

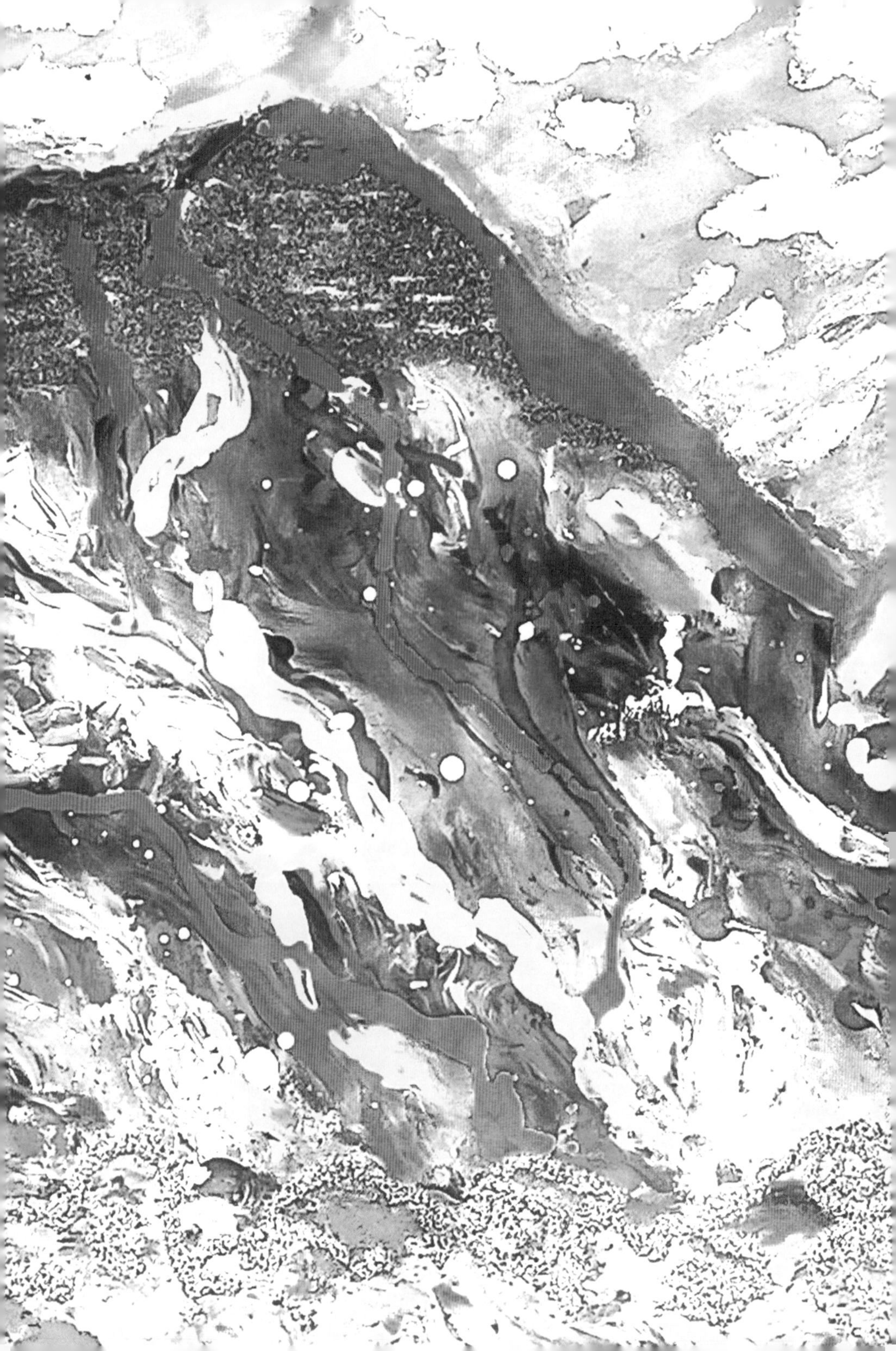

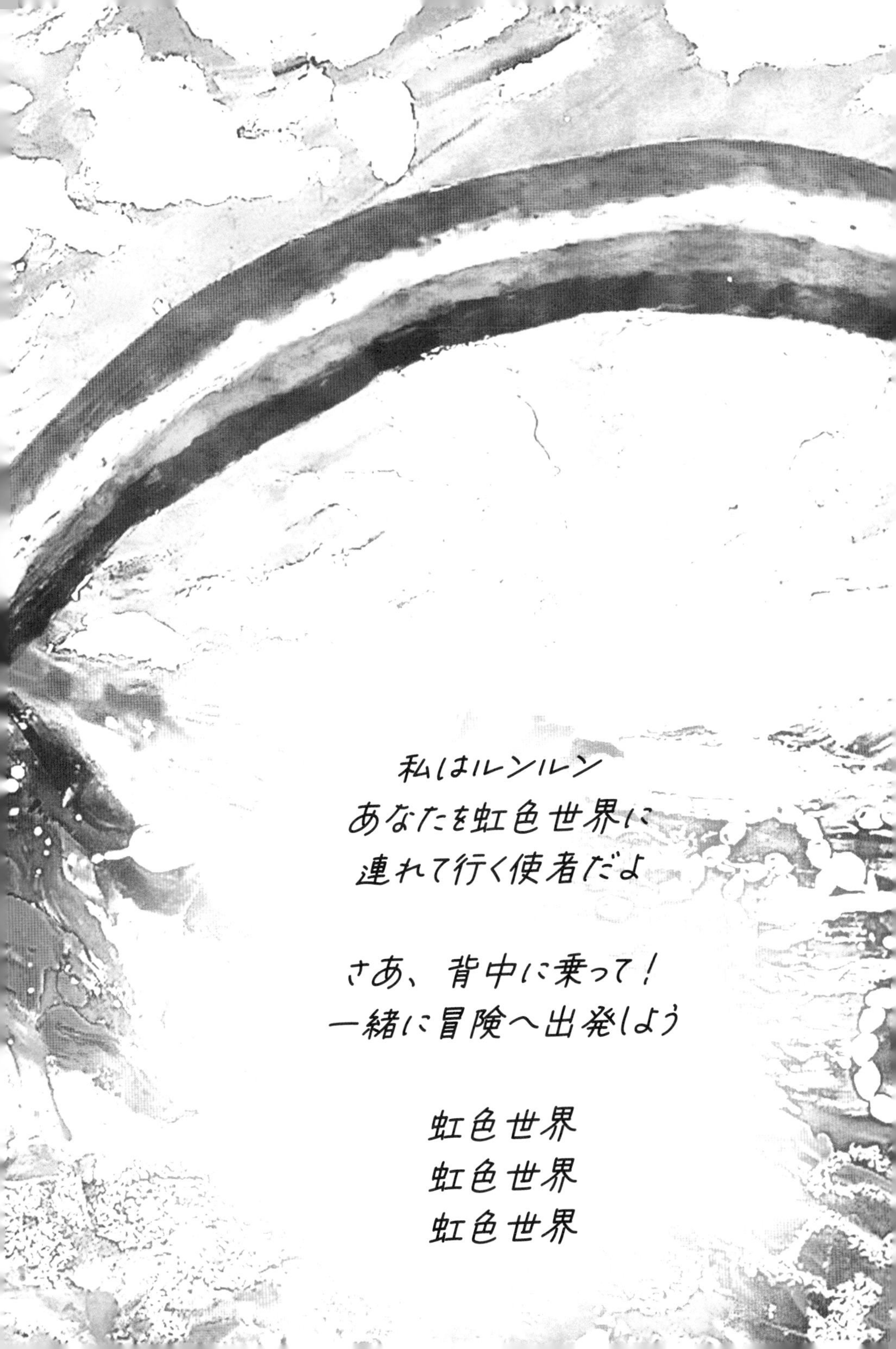

私はルンルン
あなたを虹色世界に
連れて行く使者だよ

さあ、背中に乗って！
一緒に冒険へ出発しよう

虹色世界
虹色世界
虹色世界

おわりに conclusion

さあ、すべてのページを
開き終わった今、
あなたはどんな気持ちですか?
スッキリ、さっぱり、じんわり
なんだかしあわせ、
なんだかうれしい!……
んーっ、ワクワク、ルンルン♥

誰に遠慮することもない、
あなたが主役の人生

このアートジャーナルは
あなたの物語
あなたにとっての
新しい世界が誕生したのです

あなたの心が感じるまま
直感に従って
あなたのワクワク、ルンルンを
道しるべに行動することで、
人生はより充実したものになり、
楽しくなることでしょう

シンプルな自分の心の声を
言葉、文字、絵にすることで
より集中力を
高めることができます

集中力が高まることで
仕事や勉強、
創造的な活動などの
成果も向上します

あなたの未来の物語は
もうすでに始まっています

「すべての創造は、
破壊から始まる」(パブロ・ピカソ)

完成した!と思っても
さらに思いついたことを
書いたり、描いたりして
自分のアイデア、思考、感情、
記憶、感覚を
クリエイティブに表現していきましょう

そうすることで
あなたの理想や未来は
さらに豊かに
彩られたものになるでしょう

行動するのが怖い？
人の目が気になる？
あなたの人生はあなたでしか
主役になりえないのです
このジャーナルが
きっとあなた自身の味方、
相棒になってくれますよ

自信をなくしそうになった時
いつでもページを
開き見返してみてくださいね
あなたの心から生み出された
宝物がこの一冊に
ぎゅぎゅーっと詰まっています

日常生活の中で、
多くの情報や出来事に
囲まれている私たち
私たちの心や思考は
常に刺激され、
混乱してしまうことがあります

大人になっていくうちに、
子どもの時に思っていた、
または感じていた
純粋で無垢な気持ちを
忘れてしまい
ひょっとしたら曇りガラスを通して
世界を見るように
なっているのかもしれませんね

だからこそ
このジャーナルを見てほしい
ご自身で書いた
言葉・文字・絵……すべてが
あなたの心の声であり、答え
誰とも比べなくてもいい
あなたの魂の声なのです

無我夢中で自分の
こころを飽きさせないこと

あなたはあなたの望みを
叶えるために
この世界に存在しています

だから誰に遠慮することもなく
ただ、このジャーナルの世界を
叶えていけばいいだけ
いつから始めてもいい、
どこから始めてもいい
あなた自身の物語を
どんどん楽しんでくださいね

このアートジャーナルは、
体と心、そして魂のセルフケアに
ぴったりの素晴らしい方法です

心迷ったとき
なんだかもやもや
ざわざわする時
どうしようもなく
怒りや恐れの感情が湧き出て
自分が自分で
いられなくなりそうな時……
そっとこの物語を開いて
繰り返し、
ジャーナリングしてみてください

本当のあなたに
いつでも会えます

あなたにしか描けない未来が、
この本にたくさん詰まっています
さらによりクリエイティブに、
アートを一緒に楽しみましょう

たくさんの経験や知識が
かけ合わさると、
思いもしない
新たなあなたに巡り会えるかも！
自分自身のために
しっかりと自分の心に
向き合う習慣を
身につけてみてください

これから先も
あなたの毎日が
ルンルン気分になり、
ありえないくらいの奇跡と
幸せに満ち溢れた毎日が
送れますように

たくさんの感謝を込めて
Love ♥

Lun Lun

Lun Lun Art とは?

著者のアーティスト Lun Lun が、世界 5 周・60 カ国を巡りながら、「Free your Sour Follow your Heart ~魂を解き放て、心赴くままに~」をコンセプトに、高次元の存在や旅先の国・土地の神々との共同創造 で描いたアート。
絵筆だけでなく、指や足まで使って描く。旅先の砂、樹木、葉などを画材として用いることもしばしば。野趣あふれる彩り、エネルギッシュでダイナミックな構図が特徴。

Lun Lun《ルンルン》

世界を旅するアーティスト

淡路島生まれ。10 代からパソコン 1 台で起業。20 代、30 代は複数の事業を展開。
実業家としての活動と並行しながら、イタリアフィレンツェの美術学校で絵を学んだ後、10 年間で地球を 5 周、世界 60 ヵ国を旅しながら、創作活動を続ける。
旅先の素材を画材として使いながら『Lun Lun Art』を制作し、世界 13 ヵ国（アメリカ、イギリス、イタリア、フランスなど）の国際美術展で作品を発表。
2022 年、淡路島に活動拠点のアトリエを開設。淡路島「十三仏霊場虚空蔵菩薩八幡寺」の御朱印帳、淡路島「志筑八幡神社」の御守りのデザインなども手掛ける。
モットーは “世界中の人の心を動かす、100 年残るアートを作る!”

本書を購入され、
公式LINEに登録された方に
Lun Lun Art 待ち受け画面を
プレゼント!

● 公式 LINE はこちら
@lunlun.art123

● Webサイトはこちら
https://lunlunart.studio.site/jpn

● Instagram はこちら
@lunlun.art123

Publishing Agent　山本　時嗣（株式会社ダーナ）
https://tokichan.com/produce/

あなたの世界を創る　アート・ザ・マインド・ジャーナル

Create Your World ART the Mind Journal

2024年 5月25日　第1版第1刷発行

著　　者　Lun Lun

編　　集　澤田　美希
デザイン　堀江　侑司
発 行 者　大森　浩司
発 行 所　株式会社ヴォイス　出版事業部
〒106-0031
東京都港区西麻布3-24-17 広瀬ビル
☎ 03-5474-5777（代表）
FAX 03-5411-1939
www.voice-inc.co.jp

印刷・製本　株式会社シナノパブリッシングプレス

ISBN978-4-89976-568-4 C0011